KEIN GENUSS IST VORÜBERGEHEND,
DENN DER EINDRUCK, DEN ER HINTERLÄSST,
IST BLEIBEND.

Johann Wolfgang von Goethe

IMPRESSUM

Gedruckt auf umweltbewusst gefertigtem, chlorfrei gebleichtem und alterungsbeständigem Papier.

1. Auflage. November 2012

Konzept, Redaktion und Rezepte: Karin Dorfner und Sissi Kaiser
Fotos: Sabine Reitmayr und Sissi Kaiser
Umschlaggestaltung, Layout und Satz: Sissi Kaiser Multimedia mit Praktikantin Susanne Irina Kaiser
Druck und Bindung: Friedrich VDV, Linz

Anregungen und Zuschriften bitte an Sissi Kaiser Multimedia
Deublerstraße 16, A - 4020 Linz
Kontakt +43 650 516 4004, mail@calamuslife.com, www.calamuslife.com

ISBN 978-3-200-02876-0

Mehr auf www.rotblond.at

LEGENDE UND ABKÜRZUNGEN

1 EL, 1 TL	1 Esslöffel, 1 Teelöffel
Std., Min.	Stunde(n), Minute(n)
g, kg	Gramm, Kilogramm
ml, l	Milliliter, Liter

UhuRed, UhuSchok, UhuGelee bezeichnen Eigenkreationen, deren Rezepte im Buch unter ‚Produkte mit Uhudler' zu finden sind.

Fleur de Sel ist ein Meersalz, das nur unter bestimmten wettertechnischen und klimatischen Umständen entsteht. Die hauchdünne Schicht wird händisch mit einer Holzschaufel von der Wasseroberfläche abgeschöpft. Hat hohe Calcium- und Magensiumsulfatanteile.

Bei den Zeitangaben ist die ‚Aktive Zeit' angegeben. ‚Passivzeiten' wie Rast- und Backzeiten etc stehen extra dabei.

SO EINZIGARTIG WIE DER MOMENT...

Nicht umsonst haben wir unseren Uhudler unter dieses Motto gestellt, besticht er doch mit seinem einmalig fruchtigen Geschmack. Jeder Schluck spiegelt die gesamte Palette an Aromen der Uhudler-Traube wieder und wird so zu einem einzigartig genussvollen Erlebnis.

Der Uhudler wird aus verschiedenen Direktträgertrauben – das sind nicht veredelte Trauben – hergestellt, mit klingenden Namen wie Ripatella, Delaware, Concord oder Elvira. Einzigartig ist sein herrlicher Duft nach Waldbeeren. Dieser Waldbeerenton setzt sich unvergleichlich fruchtig in der Nase, auf der Zunge und im Gaumen fort. Gleichzeitig hat er eine herbe und säurebetonte Note, die im Abgang deutlich wird. Je nach Sorte variiert die Farbe von blassem Strohgelb über zartes Rosa bis hin zu kräftigem Ziegelrot.

Lustig ist auch die Legende über die Entstehung seines Namens: Im Vergleich zu anderen Weinbaugebieten sind bei uns in der Uhudler-Region die Weinkeller von den Wohnhäusern getrennt, oft kilometerweit entfernt. Wegen der geringen Mobilität der Weinbauern mussten diese während der Lesezeit oft eine ganze Woche in ihren Weinkellern verbringen. Am Abend ist man am Weinberg zusammengesessen, hat Erfahrungen ausgetauscht und natürlich auch reichlich gekostet. Nach der harten Arbeit, der Lese und den langen Abenden wieder zu Hause angekommen, hieß es dann von ihren Frauen: ‚Du schaust aus wie ein Uhu'.

Im Weingarten sind die Uhudler-Reben robust und pflegeleicht. Außerdem sind sie resistent gegen die gefürchtete Reblaus. Dieser Umstand brachte die aus Amerika stammenden Trauben während der Reblausplage vor mehr als 100 Jahren ins Land. Zunächst Retter in der Not wurde die Produktion des Uhudlers ab den 30er Jahren des vorigen Jahrhunderts immer mehr eingeschränkt bis er schließlich 1985 gänzlich verboten wurde. Vor allem hielt sich das Gerücht hartnäckig, der Uhudler wäre aufgrund eines erhöhten Methanolgehalts gesundheitsgefährdend. Eine Reihe von Nebenwirkungen wurde ihm nachgesagt, die die Ursache für Blindheit ebenso wie für Impotenz sein sollten.
Während er in anderen Regionen aufgrund der behördlichen Einschränkungen im Laufe der Zeit wieder gänzlich verschwand, hielten die südburgenländischen Winzer an ihrem Uhudler fest und konnten mit zahlreichen anerkannten Gutachten das Argument der Gesundheitsgefährdung schließlich widerlegen. Der Methanolgehalt im Uhudler ist durchaus mit den Werten von Edelweinen vergleichbar und damit keinesfalls schädlich. Dies ist auch der Grund, warum der Uhudler 1992 erneut in das österreichische Weingesetz aufgenommen wurde. Seither darf er wieder offiziell

erzeugt und verkauft werden.
So besitzt das Südburgenland heute eine wahre Weinrarität wie es sie sonst nirgends in Österreich gibt.
Dem Vorurteil der Gesundheitsgefährdung sei an dieser Stelle noch eines entgegengesetzt: Die Uhudler-Trauben sind größtenteils resistent gegen Pilzkrankheiten und Schädlinge, so dass kein chemischer Pflanzenschutz im Weingarten nötig ist. Er kann also durchaus als Naturprodukt bezeichnet werden und liegt damit eindeutig im Trend der Zeit.

Während zu den Gründungszeiten des Vereins der Freunde des Uhudlers die Rehabilitierung des Namens, die Wiederaufnahme ins Weingesetz und der markenrechtliche Schutz die Hauptziele des Vereins waren, sieht er heute seine Aufgabe in der Beratung seiner 350 Mitglieder und in der Qualitätskontrolle. Nur von einer unabhängigen Kostjury bestätigte Weine dürfen das Gemeinschaftsetikett des Vereins tragen. Besonders gute Tropfen eines Jahrgangs werden zusätzlich mit der Auszeichnung ‚Einer der Besten!' gekennzeichnet.
Nicht zuletzt ist der Verein bemüht die südburgenländische Weinrarität für die Region zu erhalten. Seine Zukunft ist nicht gewiss. Die Trauben gelten zurzeit als vorübergehend zugelassen. Dieser Status ist bis 2030 gesichert. Dann muss neu verhandelt werden.
Da der Uhudler mittlerweile eine so breite Anhängerschaft hat, gehen wir allerdings mit Zuversicht in die Zukunft.
In den vergangenen 20 Jahren hat sich der Uhudler zu einer für das Südburgenland wichtigen Marke entwickelt, von der nicht nur die zahlreichen Winzer sondern auch andere Branchen, wie der Tourismus, die Gastronomie, der Handel uvm. profitieren.

Trotzdem ist der Uhudler nach wie vor eine Rarität, die auf knapp 40 Hektar Weingartenfläche gedeiht. Der Vergleich zeigt, wie verschwindend klein der Uhudler-Anteil in der österreichischen Weinlandschaft ist: Das Südburgenland, das kleinste Weinbaugebiet Österreichs, hat eine Rebfläche von etwa 500 Hektar, die Gesamtrebfläche Österreichs liegt bei 45.700 Hektar.

Aus der Uhudlertraube wird allerdings nicht nur Wein hergestellt. Die Palette der Produkte, die rund um den Uhudler entstand, ist vielfältig. Sie reicht vom prickelnden Frizzante und Uhudlersekt, über hochprozentige Brände und Liköre, fruchtige Säfte, feinste Marmeladen und milde Essige bis hin zu pikanten Uhudlerwürsten und -käse. Schleckermäuler erfreuen sich an süßen Köstlichkeiten wie Speiseeis, Pralinen und Schokoladen und selbst die beanspruchte Haut lässt sich mit der hoch-

wertigen Uhudler Pflegecreme verwöhnen. Für den köstlichen Uhudler-Sturm reisen alljährlich tausende Menschen nach Heiligenbrunn an, wenn er im Mittelpunkt des Treibens beim Uhudler-Sturmfest im urigen Ambiente der strohgedeckten Weinkeller steht.

Daher ist es auch nicht verwunderlich, dass der Uhudler nun auch Einzug in die Küche gehalten hat. Mit Charme und Esprit rücken die beiden Autorinnen Sissi Kaiser und Karin Dorfner unseren Uhudler ins Rampenlicht. Allein das Schmökern in den Rezepten dieses Buches ist ein wahres Vergnügen. Wir wünschen allen Leserinnen und Lesern viel Spaß beim Nachkochen und einzigartige Momente beim Genießen der Gerichte.

Verein der Freunde des Uhudler

TIPP

Wer mehr über den Uhudler erfahren möchte, dem sei das Buch ‚Uhudler Legende' von Walter Eckhart und Robert Sommer, erschienen im Mandelbaum Verlag, besonders empfohlen. Es widmet sich ausschließlich dem Uhudler mit seiner Geschichte, seinen Legenden, den Trauben uvm. ergänzt mit köstlichen Kochrezepten. Das Buch ist im Uhudler-Büro in Moschendorf erhältlich.

Verein der Freunde des Uhudler
A - 7540 Moschendorf
Weinmuseum 1
Kontakt +43 3324 6318
office@weinidylle.at
www.uhudlerverein.at

Vorwort

Lange schon sind wir leidenschaftliche Hobbyköchinnen und lieben das Reisen.
Die Fahrten ins Südburgenland waren bei jedem Besuch eine Entdeckungsreise. Wir sahen Tiere, denen wir sonst kaum begegnen, Pflanzen, die man sonst auf Reisen nach Fernost sieht und nahmen in diesem wunderbaren, teils noch so ursprünglichen, mystischen Land unbeschreiblich schöne Bilder und wertvolle Erfahrungen auf.

Es hat uns berührt, der Tau auf jungen Weinblättern, das gemeinsame Arbeiten im Weingarten und auch das Essen nach getanem Tagwerk unter der Kastanie.
Wie wertvoll ist es, selbst einmal bewusst Hand anzulegen und an der Arbeit, die hinter dem „Produkt" steckt, mitzuwirken. Wir durften den Wein im Jahreskreis erleben!

Auch die neue Erfahrung der „Lese als Ort und Zeit zum Meditieren" und damit in noch unmittelbareren Kontakt zur Natur und sich selbst zu treten, nehmen wir mit, eingebettet in gemeinsames Tun und dem Gefühl von Dankbarkeit für die Herzlichkeit und Gastfreundschaft, die uns entgegen gebracht wurde und wird.

Besonders war für uns auch diese Art des geselligen Kochens außerhalb des Familienverbands. Mit Humor und Lust an einem Ziel zu arbeiten. Kreativität, Motivation, Ausdauer, Freundschaft, Freude am gemeinsamen Tun - viele Schlagworte fallen uns ein, wenn wir auf das vergangene Jahr zurück blicken. Es war eine Zeit der Vielseitigkeit, des Zusammenhelfens und Ausprobierens, des Feedback kriegens und gemeinsamen Feilens....

Wir haben gekocht, Gerichte verschiedenen Gäste kredenzen dürfen und die Anwesenheit von zwei Freundinnen während des ganzen Prozesses genossen.

Es hat gemenschelt!

Und es hat geduftet!

Der Uhudler ist etwas ganz besonderes und einzigartig in der österreichischen Weinlandschaft. Sein Wachsen ohne Chemikalien macht ihn für uns zu einem attraktiven Naturprodukt.

Die Verbindung von der „erdigen" Urrebe mit dem typischen Geschmack nach Waldbeeren brachte ihn in unsere Küche.
Dort kombinierten wir ihn mit allen möglichen heimischen und exotischen Zutaten und kreierten neue Kompositionen.

Naturverbundenheit ist uns wichtig; ebenso Gemüse, Obst und Kräuter der Saison entsprechend zu verwenden.

Die Rezepte sehen wir untereinander austauschbar. Vieles ist variabel und anpassbar an die

Lebensmittel, die gerade vorhanden sind und die Jahreszeit - quasi ein Jonglieren mit den vorhandenen Zutaten und ‚Unkräutern'.

Wir laden Sie, liebe Leserin, lieber Leser, ein, diese Reise in die neue geschmackliche Dimension ‚Uhudler' mit uns anzutreten und mit zu experimentieren.

Viel Freude mit dem Buch wünschen

° ROTBLOND °

alias Sissi Kaiser und Karin Dorfner!

INHALT

SAUERAMPFERCREME

ZUTATEN

15 g Pinienkerne
20 g Sauerampfer
2 EL Ricotta
1/2 Knoblauchzehe
2 EL Schokominze gehackt
2 Schuss Uhudler-Traubensaft
1 Messerspitze Tabasco
Salz

ZUBEREITUNG

1. Pinienkerne leicht rösten und dann hacken.
2. Sauerampfer kurz blanchieren, ausdrücken und gemeinsam mit Ricotta, Knoblauch, Schokominze und Uhudler-Traubensaft vermischen.
3. Mit dem Stabmixer pürieren, die Pinienkerne untermengen und kräftig würzen!
4. Auf dunklem Brot servieren!

15 Min.

RADIESCHENCREME

ZUTATEN

Ca. 12 SCHARFE Radieschen
3 EL Sauerrahm
100 g Feta-Käse
100 g Topfen
4 TL UhuGelee
1 TL Zitronensaft
Salz, Pfeffer
Schnittlauch
Diverse Gartenkräuter

ZUBEREITUNG

1. Radieschen vierteln und gemeinsam mit Sauerrahm, zerdrücktem Feta, Topfen, UhuGelee und Salz pürieren und kalt stellen!
2. Unbedingt mit Schnittlauch und/oder diversen gehackten Kräutern aus dem Garten als Brotaufstrich servieren!

10 Min. + Kaltstellen

SPINAT-TÖRTCHEN AUF LÖWENZAHNBLÄTTERN

ZUTATEN

FÜR DIE TÖRTCHEN
500 g Spinatblätter
500 g Ricotta
50 g Sauerrahm
2 Eier
7 EL Parmesan gerieben
5 EL Pinienkerne
2 EL Dill gehackt
Muskatnuss
1 Knoblauchzehe gepresst
UhuGelee

FÜR DEN SALAT
2 Hände voll junge Löwenzahnblätter
Olivenöl
Weinessig
Honig
Dijon-Senf
Pinienkerne für Deko
Etwas UhuRed

20 Min. + 25 Min. Backzeit

ZUBEREITUNG

1. Spinat kurz blanchieren, kalt abspülen, damit er die Farbe behält, ausdrücken und fein hacken.
2. Pinienkerne in einer Pfanne ohne Fett leicht rösten und dann hacken.
3. Spinat und Pinienkerne gemeinsam mit den restlichen Zutaten cremig rühren, mit UhuGelee abschmecken.
4. Die Masse in kleine, gefettete Pastetenförmchen füllen und ca. 25 Min. bei 160° C backen bis sie Farbe angenommen und eine feste Konsistenz erhalten haben.
5. Salat: Löwenzahnblättchen waschen, klein hacken und in der Marinade aus Olivenöl, Weinessig (gschmackig ist auch Holunderessig), Honig und Dijon-Senf wenden.
6. Törtchen auf dem Salatbett anrichten und mit gerösteten Pinienkernen sowie UhuRed servieren.

GEFÜLLTE WEINBLÄTTER

ZUTATEN

200 g Weinblätter frisch, hier vom Uhudler-Weinstock
2 Zwiebeln gewürfelt
1 Hand voll Petersilie gehackt
2 Hände voll Dill gehackt
100 ml Olivenöl
200 g Reis
3 EL Pinienkerne gehackt
1 Knoblauchzehe gepresst
Salz
Pfeffer
20 ml Uhudler
2 Tomaten
Saft von 2 Zitronen
Tzatziki

40 Min. + 50 Min. Garzeit

ZUBEREITUNG

1. Die frischen Weinblätter entstielen und ca. 5 Min. in kochendem Wasser blanchieren, in einem Sieb abtropfen und abkühlen lassen. Eventuell eingefrorene Weinblätter auftauen!
2. Olivenöl in einer Pfanne erhitzen und Zwiebel anbraten, weiters Petersilie, Dill, Pinienkerne, Reis und Knoblauch dazugeben, salzen, pfeffern und kräftig durchmischen.
3. Mit etwas Uhudler ablöschen und die zerkleinerten Tomaten unterrühren. Restlichen Uhudler dazuleeren und die Masse ca. 10 Min. leicht köcheln lassen bis die Flüssigkeit verbraucht ist - Reis soll nur halbgar sein! Reisgemisch abkühlen lassen, Weinblätter damit füllen und einrollen.
4. Einen Topf mit Gemüseeinsatz verwenden, diesen mit Weinblättern auslegen und die Röllchen darin dicht nebeneinander einschichten, pfeffern, mit Zitronensaft beträufeln und soviel heißes Wasser angießen, dass die Röllchen knapp bedeckt sind; aufkochen und dann bei mittlerer Hitze im geschlossenen Topf ca. 50 Min. garen bis die Flüssigkeit vollkommen aufgesogen ist.
5. Die Dolmades gut auskühlen lassen. Serviert werden sie mit Kernöl beträufelt, dazu kann man sich Tzatziki schmecken lassen.

ERDBEER-SPARGEL-AUFLAUF

ZUTATEN

16 Stangen grüner Spargel
250 g Erdbeeren

KÄSEMISCHUNG

250 g Ziegentopfen oder Ziegenfrischkäse
1 Ei
1 Knoblauchzehe gepresst
Diverse Kräuter

20 Min. + 20 Min. Backzeit

ZUBEREITUNG

1. Spargelstangen an den Enden etwas abschneiden und kurz in Wasser blanchieren.
2. Eine Tarteform mit Butter einfetten, die gut abgetropften Spagelstangen darin sternförmig verteilen.
3. Die halbierten Erdbeeren in die Zwischenräume schichten.
4. Ziegenfrischkäse, Ei, gehackte Kräuter und Knoblauchzehe gut vermischen und über den Spargel und die Erdbeeren verteilen.
5. Bei 180° C für ca. 20 Minuten ins Backrohr. Achtung: die herausragenden Spargelspitzen nehmen leicht Farbe an!
6. Das Gericht etwas abkühlen lassen, in Tortenstücke schneiden und mit UhuSchok servieren.

KRESSE-DINKELKNÖDEL
AN UHUDLER-SCHAUM

ZUTATEN

KNÖDEL
300 g Dinkelknödelbrot
10 ml Uhudler
250 ml Milch
4 Eier
1 Zwiebel gewürfelt
2 Knoblauchzehen gewürfelt
2 Packerl Feta-Käse
5 EL Weizenkleie
1 Tasse frische Kresse
Muskatnuss
Salz, Pfeffer

SCHAUM
125 ml Schlagobers
2 EL UhuRed
3 EL Cranberries
2 EL rosa Pfefferbeeren
1 Schuss Uhudler

20 Min. + 20 Min. Rastzeit + 20 Min. Kochzeit

ZUBEREITUNG

1. Für die Knödel: Knödelbrot mit Uhudler, Milch und Eiern vermengen. Zwiebel und Knoblauch in Olivenöl anbraten und zur Knödelbrotmasse geben.
2. Feta in kleine Stücke schneiden und gemeinsam mit den übrigen Zutaten vermischen, abschmecken und für 20 Min. ziehen lassen.
3. Knödel formen und im Wasser kochen bis sie schwimmen (dauert ca. 20 Min).
4. Für den Uhudler-Schaum Schlagobers, UhuRed, Cranberries, rosa Pfefferbeeren und einen Schuss Uhudler aufkochen lassen und mit dem Stabmixer schaumig schlagen.

TIPP
Beilage: Brennnesselspinat oder Salsa von Couscous pikant (Seite 19) oder Tomaten-Uhudler-Chutney (Seite 24) mit Tomatenmark und 125 ml Schlagobers aufkochen, pürieren.

WEISSER SPARGELSALAT

ZUTATEN

1 kg weißer Spargel
50 g Butter
2 Rosmarinzweige
2 EL UhuRed
2 EL UhuSchok
Rosa Pfefferbeeren
Ca. 8 Prosciutto-Scheiben
Fleur de Sel

25 Min.

ZUBEREITUNG

1. Spargel sorgfältig schälen, in 0,5 cm lange Stücke schneiden und in der Butter anbraten; Rosmarinstängel dazulegen und einige Minuten mitbraten.
2. Mit UhuRed und UhuSchok aufgießen und die Spargelmasse einige Minuten ziehen lassen bis die Flüssigkeit aufgesaugt ist.
3. Prosciutto-Scheiben in einer beschichteten Pfanne (ohne Fett) knusprig braten und bis zum Servieren in Alufolie einwickeln.
4. Den Spargel mit rosa Pfefferbeeren und Fleur de Sel abschmecken; mit Prosciutto-Scheiben garniert servieren!

BRENNNESSELSUPPE
MIT POCHIERTEM WACHTELEI

ZUTATEN

2 Hände voll Brennnessel
2 Schalotten gewürfelt
3 EL Butter
1 gehäufter EL Dinkelmehl
1 EL Apfelessig
2 Schöpfer Gemüsesuppe
6 große Knoblauchzehen gepresst
2 EL Ahornsirup
UhuRed
Wachteleier

ZUBEREITUNG

1. Schalotten in Butter anbraten, mit Dinkelmehl stauben, gut verühren und etwas ziehen lassen, mit dem Essig ablöschen und etwas einkochen lassen.
2. Die Suppe dazugeben, aufkochen lassen, Brennnessel und Knoblauch unterrühren und einige Minuten köcheln lassen.
3. Mit dem Stabmixer die Suppe pürieren, mit Salz, Ahornsirup und UhuRed abrunden.
4. Die Wachteleier in kochendem Wasser pochieren und vorsichtig in den servierbereiten Suppenteller gleiten lassen.

30 Min.

Uhudler-Aschermittwoch-Schmaus

Zutaten

8 Stück Matjesfilets

1 Zwiebel gewürfelt
300 g Uhudler-Trauben (im Herbst eingefrorene, jetzt aufgetaute)
150 ml Schlagobers
4 EL Preiselbeeren
2 cl Cognac
6 EL Sauerrahm (oder deftige Mayonnaise)
1/2 Bund Dill frisch gehackt
Salz
Pfeffer weiß
Einige TL UhuGelee

30 Min.

Zubereitung

1. Weintrauben halbieren und entkernen.
2. Fischfilets in mundgerechte Stücke schneiden.
3. Schlagobers mit einer Prise Salz steif schlagen. Preiselbeeren, Cognac und Sauerrahm darunter heben, mit Pfeffer würzen.
4. Matjes, Zwiebeln und Weintrauben mit dem Schlagobers vermischen.
5. Cocktail anrichten und mit Dill bestreut servieren. UhuGelee ‚on top' schmeckt herrlich!

COUSCOUS PIKANT

ZUTATEN

125 g Couscous
125 ml Wasser
Einige Minzeblättchen
1 TL Salz
1 EL Butter
2 EL Olivenöl
1 Zwiebel gewürfelt
Ca. 100 g Mangold
2 Knoblauchzehen gewürfelt
Schuss Uhudler
1TL Dijon-Senf
1 kleiner Apfel

FÜR DIE SALSA

10 Oliven (schwarz und grün)
6-8 Cocktailtomaten
Saft einer Zitrone
1 Knoblauchzehe gewürfelt
3 EL Olivenöl
1 TL Vollrohrzucker grobkörnig
1 EL Honig
Muskatnuss
Pfeffer
UhuRed zum Beträufeln

30 Min.

ZUBEREITUNG

1. Wasser mit Minzeblätter zum Kochen bringen, Salz und etwas Olivenöl dazugeben und Couscous einrieseln lassen - vom Herd nehmen, einmal kräftig umrühren und 2 Min. ziehen lassen.
2. Butter und Olivenöl unterühren, etwas Wasser angießen und noch einmal einige Minuten am Herd ziehen lassen; dann abkühlen lassen.
3. Zwiebel in einer Pfanne anbraten, klein geschnittenen Mangold und Knoblauchzehen dazugeben; mit Uhudler ablöschen und das Gemüse kurz blanchieren; würzen und abkühlen lassen.
4. Dijon-Senf und geriebenen Apfel unter das Mangoldgemüse mischen und dann unter das Couscous heben.
5. Für die Tomaten-Oliven Salsa: Cocktailtomaten und Oliven klein hacken; mit den restlichen Zutaten vermengen und über die Couscousmischung leeren.
6. Das Gericht mit UhuRed beträufelt servieren!

PUTENRÖLLCHEN GEFÜLLT MIT NÜSSEN AN KOHLRABI-TRAUBENSAFTERL

ZUTATEN

FÜLLE

1 Apfel gewürfelt
1 EL Zitronensaft
1 kleine rote Zwiebel gewürfelt
1 EL Petersilie gehackt
Etwas Butter
100 ml Uhudler-Traubensaft
4 EL Mandeln gerieben
3 Putenschnitzerl (mittelgroß)
Salz, Pfeffer

SAFTERL

200 g Kohlrabi klein gewürfelt
1 kl. Zwiebel gewürfelt
2 EL Petersilie gehackt
Ahornsirup
5 EL Schlagobers
125 ml Gemüsesuppe
125 ml Prosecco
Muskatnuss
Uhudler-Traubensaft

60 Min.

ZUBEREITUNG

1. Für die Fülle den Apfel mit Zitronensaft beträufeln. Zwiebel mit Petersilie in Butter anbraten, Apfelstücke dazugeben, kurz mit anbraten und mit dem Uhudler-Traubensaft aufgießen. Die Masse so lange köcheln bis die Flüssigkeit fast eingekocht ist, dann abkühlen lassen, mit Mandeln vermischen, je nach Apfelsorte evtl. nachsüßen und mit Pfeffer abschmecken.
2. Putenschnitzerl salzen und pfeffern, mit der Fülle bestreichen, einrollen und mit Spießchen befestigen. Die Röllchen in Butter-Olivenöl-Gemisch knusprig braten.
3. Für das Safterl: In einer Pfanne Butter zerlassen, Zwiebel und Petersilie darin anrösten, Kohlrabi beigeben. Einige Minuten schmoren lassen und mit Prosecco ablöschen, mit geriebener Muskatnuss abschmecken und solange köcheln lassen bis das Gemüse weich ist. Durch ein feines Sieb abseihen.
4. Den ausgetretenen Saft mit etwas Ahornsirup, Salz und Pfeffer abschmecken. Das Schlagobers und einige TL Traubensaft beimengen, ca. 2 Min. köcheln lassen und mit dem Stabmixer schaumig aufschlagen.
5. Die Putenröllchen in Scheiben schneiden und mit dem Safterl servieren.

TIPP

Dazu passt Dinkelvollkornreis mit etwas Butter vermischt!

KNOBLAUCH-INGWER-HUHN MIT ZWEIERLEI SAUCEN

ZUTATEN

1. SAUCE

1 Hand voll Sauerampferblätter und -stängel von jungen Pflanzen und 1 Hand voll Löwenzahnblätter und -stängel
Etwas Dinkelmehl
Butter
Olivenöl
UhuRed
einige EL Schlagobers

2. SAUCE

3 Stangen Frühlingszwiebel
1 Knoblauchzehe gehackt
3 EL Ingwer gerieben UhuRed

FLEISCH

250 g Hühnerbrust
4 Knoblauchzehen gehackt
1 daumengroßes Ingwerstück gerieben
UhuSchok
Fleur de Sel

45 Min.

ZUBEREITUNG

1. Für die erste Sauce: Sauerampfer und Löwenzahn in etwas Butter und Olivenöl anschwitzen, mit Dinkelmehl stauben und knusprig braten. Mit UhuRed aufgießen und einige Minuten schmoren lassen; Schlagobers angießen und noch einmal kurz durchrösten.
2. Für die zweite Sauce: Frühlingszwiebel, inklusive dem grünen Teil, klein schneiden und gemeinsam mit Knoblauch und Ingwer in Butter-Olivenöl-Gemisch anschwitzen; langsam schmoren lassen; nach ca. 15 Min. mit UhuRed ablöschen.
3. Huhn in mundgerechte Stücke schneiden, Knoblauch und Ingwer in Butter-Olivenöl-Gemisch kurz anbraten. Man kann natürlich auch Hühnerschnitzerl im Ganzen braten!
4. Das Huhn, flankiert von den beiden Saucen, anrichten, mit UhuSchok beträufeln und Fleur de Sel darüberstreuen!

FASCHIERTE STRIEZEL

ZUTATEN

80 g Semmelwürfel
125 ml Uhudler
1 Zwiebel gewürfelt
500 g Bio-Faschiertes
3 Knoblauchzehen gepresst
Salz, Pfeffer
2 EL Dijon-Senf
Kräuter aus dem Garten (Salbei, Zitronenmelisse, Majoran Kerbel)
2-3 Karotten
2 EL Weizenkleie
2 Eier
70 g Walnüsse gehackt
2 Schöpfer voll Suppe

30 Min. + Bratzeit

ZUBEREITUNG

1. Semmelwürfel mit Uhudler übergießen, gut vermischen und ca. 15 Min. ziehen lassen.
2. Zwiebel glasig anbraten und unter das Faschierte mischen. Mit Knoblauch, Salz, Pfeffer und Dijon-Senf würzen, je 2 EL Salbei, Zitronenmelisse, Kerbel und 1 EL Majoran gehackt dazugeben - also kräftig würzen!!
3. Karotten grob reiben und ebenfalls untermengen. Semmelwürfelmasse gemeinsam mit Eiern, Walnüssen und Weizenkleie zur Fleischmasse geben.
4. Zwei ‚Striezel' formen, nebeneinander in eine gebutterte Auflaufform (auch Tarteform) geben.
5. Suppe angießen
6. Bei 180° C ca. 60 Min. braten - immer wieder mit dem ausgetretenen Safterl übergießen, ev. noch Suppe angießen; dann Temp. auf 220° C erhöhen, noch ca. 20 Min. weiter braten lassen; immer wieder etwas UhuRed darüber träufeln (ca. 6 EL) - Striezel bekommt eine schöne braune Farbe!
7. Dazu schmecken Erdäpfel und ‚eingemachtes' Kohlrabigemüse!

FASCHIERTER VEGI-STRIEZEL

ZUTATEN

100 g geriebene Walnüsse
2 große rote Zwiebel gewürfelt
4 Knoblauchzehen gepresst
4 Becher Cottage Cheese
1 TL Oregano
1 EL Basilikum
1 1/2 Suppenwürfel
Olivenöl
1 EL Soja-Sauce
80 g Cornflakes
40 g grob zerkleinerte Nüsse oder ganze
3-4 Eier
Maismehl

15 Min. + Backzeit

ZUBEREITUNG

1. Zwiebel klein würfeln, Knoblauch pressen, beides in Olivenöl anbraten, mit UhuRed ablöschen.
2. Suppengewürz in etwas Öl zergehen lassen.
3. Cornflakes in der Hand klein drücken.
4. Alle Zutaten in ein Gefäß geben und fest verrühren, mit Brösel eine feste Masse mischen, in eine eingefettete Form geben und ca. 75-90 Min. bei 180-200° C backen bis eine Kruste entsteht.

TIPP

Dazu passt z.B. vorzüglich das Tomaten-Uhudler-Chutney von Seite 24, kurz eingekocht mit passierten Tomaten, Pürree, Reis uvm.

Vanillierte Garnelen auf Uhu-Schaum

serviert mit Tomaten-Chutney und grünem Spargel

Zutaten

2 Vanilleschoten
Ca. 125 ml Sonnenblumenöl
Ca. 400 g Garnelen
Salz
Pfeffer

Chutney
1 daumengroßes Stück Ingwer
4 mittelgroße Tomaten
60 ml Gemüsesuppe
60 ml Uhudler
Pfeffer
Vanillezucker

Uhudler-Schaum
125 ml Schlagobers
Ca. 5 EL UhuRed
etwas Gemüsesuppe
Ca. 1 TL Ingwerpulver
Ca. 300 g grüner Spargel
Butter
Olivenöl

40 Min. + Marinierzeit

Zubereitung

1. Öl in eine Schüssel geben, Vanilleschote längs halbieren, Mark herauskratzen und mit dem Öl vermischen. Garnelen hineinlegen und gut mit Marinade durchmischen; ev. etwas Öl nachgießen. Kalt stellen und mindestens 3 Stunden ziehen lassen.
2. Garnelen abtropfen lassen und in einer Pfanne scharf anbraten, mit Salz und Pfeffer würzen.
3. Für das Chutney: Den Ingwer schälen und in sehr kleine Würfel schneiden. Tomaten kreuzweise einschneiden, kurz blanchieren, schälen, würfeln und abtropfen lassen. Butter erhitzen und Ingwer anschwitzen; das Tomatenfleisch einrühren und mit Gemüsesuppe und Uhudler aufgießen, mit geschrotetem Pfeffer und Vanillezucker abschmecken. Einkochen lassen bis Flüssigkeit komplett verdampft ist, dabei ständig umrühren.
4. Für den Uhudlerschaum: Schlagobers und den UhuRed aufkochen; mit Brühe und Ingwerpulver abschmecken. Mit einem Cappuccinoschaumschläger oder Pürierstab die Flüssigkeit hochziehen.
5. Den grünen Spargel halbieren und in einer Pfanne in Butter-Olivenöl-Gemisch anbraten.
6. Das Uhudler-Tomaten-Ingwer-Chutney erwärmen; die Garnelen darauf drapieren, gemeinsam mit dem UhuSchaum und dem Spargel servieren.

KRÄUTERBALL UND KRÄUTERFORELLE ORIENTALISCH

ZUTATEN

KRÄUTERBALL

Frische Kräuter der Saison (hier Brennnesseln, Sauerampfer, Löwenzahnblätter, Gänseblümchen, Weinblätter)
Rohen, KLEBRIGEN Sushireis
Salz
Butter
Mullwindel und Spagat

FORELLEN

4 Forellen
Kräuter (hier Rosmarin, Kerbel, Bohnenkraut, Salbei, Zitronenthymian)
Zitronenscheiben
Knoblauch
Dinkelmehl
Butter und Olivenöl

60 Min.

SAUCE

1 Zwiebel gehackt
1 Knoblauchzehe gehackt
1 gehäuften EL Arabische Gewürzmischung (z.B.von Sonnentor)
Uhudler
1 Banane
250 ml Gemüsesuppe (Seite 99)

ZUBEREITUNG

1. Frische Kräuter waschen und schneiden. Rundes Gefäß mit einer Mullwindel auslegen.
2. Ungekochten Sushi-Reis und Kräuter abwechselnd schichten. Windel fest mit Spagat zubinden).
3. Den Ball in gesalzenem Wasser kochen bis der Reis gar ist - dauert ca. 15 Min. länger als normal. Den Ball aus dem Wasser nehmen, kurz abkühlen lassen und die Windel entfernen.

4. Vorsichtig den Ball in Scheiben schneiden, salzen und in Butter anbraten!
5. Fischzubereitung: Forellen mit Kräutern, Zitronenscheiben und Knoblauchscheiben füllen. Die Fische in Dinkelmehl wälzen und in Butter-Olivenöl-Gemisch knusprig braten!
6. Für die Sauce: Zwiebel und Knoblauch langsam glasig braten, die arabische Gewürzmischung dazurühren, mit Uhudler ablöschen und einkochen lassen. Noch einmal mit Uhudler aufgießen und erneut einkochen lassen. Die zerdrückte Banane dazugeben und mit Gemüsesuppe neuerlich aufgießen. Umrühren und eindicken lassen!

TIPP
Reis mit Curry würzen!

GEFÜLLTE PIDE

ZUTATEN

FÜR DIE PIDE
250 ml lauwarmes Wasser
42 g Germ
500 g Weizenmehl
1 Schuss UhuRed
1 Eigelb
Etwas Zucker und Salz
1 EL Wasser
1 EL Olivenöl
Schwarzkümmel und Sesam

FÜR DIE FÜLLE
1 Hand voll Blattspinat
1 Hand voll Rucola
1 Hand voll Kräuter (Kerbel, Pfefferminze, Salbei, Petersilie, Majoran, Zitronenthymian...)

FÜR DIE MARINADE
4 EL Zitronensaft
2 EL Kürbiskernöl
1 EL Ahornsirup
2 EL UhuRed
Rosa Pfefferbeeren
Fleur de Sel
UhuGelee
Joghurt
Knoblauch

35 Min. + Rast- und Backzeit

ZUBEREITUNG

1. Germ in 125 ml lauwarmem Wasser auflösen; Mehl auf die Arbeitsfläche geben und eine tiefe Mulde drücken; Germ-Wasser-Mischung hineinleeren, salzen und ganz vorsichtig von außen nach innen die Zutaten vermischen, dann den UhuRed und nochmals ca.125 ml Wasser dazugeben. Gut durchkneten.
2. Teig an einem warmen Ort ca. 30 Min. rasten lassen - bis er sich verdoppelt hat.
3. Fladen formen, darauf achten, dass der Rand dicker ist. Mit dem Zeigefinger Vertiefungen in den Teig drücken. Eigelb, Wasser, Zucker und Olivenöl mischen, die Fladen damit einstreichen und mit Sesam und Kreuzkümmel bestreuen.
4. Nochmal etwas gehen lassen und dann bei ca. 225° C 15 Min. backen bis die Oberfläche leicht braun ist.
5. In der Zwischenzeit junge Spinatblätter, Rucola und Kräuter mit der Marinade, hergestellt aus den angeführten Zutaten, mischen.
6. Die Pide auseinander schneiden und mit dem Kräuter-Salat füllen, in breitere Streifen schneiden oder vierteln und in eine Mischung aus UhuGelee-Joghurt-Knoblauch tunken!

TIPP
Als Alternative: Feta oder gepressten Ziegenkäse in Würfel geschnitten unter Kräuter mischen und mit gebratenem Prosciutto aufpeppen!

BÄRLAUCHSALSA

ZUTATEN

1 Handvoll Bärlauch
4 EL Sauerrahm
1,5 EL Honig
4 EL geschlagenes Obers
3 TL UhuGelee
Salz
Pfeffer
Ev. 150 g Ziegentopfen

ZUBEREITUNG

Bärlauch grob hacken und gemeinsam mit Sauerrahm und Honig mit dem Pürierstab mixen; geschlagenes Obers und UhuGelee unterrühren; mit Salz und Pfeffer abschmecken.

Diese Masse ist cremig und passt sehr gut als Dip zu einem Osterschinken im Brotteig oder als Verfeinerung in einer Pastinakensuppe; um die Bärlauchsalsa als Aufstrich verwenden zu können, kann man noch den Ziegentopfen daruntermischen.

10 Min.

TIPP

Alternative zu Bärlauch - im Winter Blattspinat (kurz blanchieren!)

GEDECKTER RHABARBERKUCHEN

ZUTATEN

KUCHENTEIG
1 kg Rhabarber gewaschen und geschält
160 g Butter
150 g Zucker
1 Prise Salz
3 Eier
165 g Mehl
1,5 TL Backpulver
80 g gemahlene Mandeln
1 Schuss Uhu-Likör
1 Schuss Rum
15 g Butter
1/2 EL Mehl

BAISER
3 Eiklar
125 g Zucker
50 g Mandelstifte
UhuSchok

25 Min. + Backzeit

ZUBEREITUNG

1. Für den Teig die weiche Butter mit Zucker und Salz sehr cremig rühren. Eier einzeln dazurühren; das Mehl mit dem Backpulver vermischen und in den Teig sieben, Uhudler-Likör und Mandeln beifügen.
2. Teig auf gebuttertem und gemehltem Blech verteilen und mit den ca. 2 cm großen Rhabarberstücken belegen.
3. Den Kuchen bei 200° C ca. 40 Min. backen und etwas abkühlen lassen.
4. Für das Baiser: Eiklar steif schlagen, Zucker langsam dazugeben und weiterschlagen bis der Schnee ganz fest ist.
5. Kuchen mit der Baisermasse bestreichen und Mandelstifte gleichmäßig darauf verteilen; bei 180° C ca. 15-20 Min backen bis die Baiser-Masse leicht Farbe angenommen hat.
6. Den Kuchen in Stücke schneiden und mit UhuSchok verziert servieren.

TOPFENKNÖDEL
AUF ERDBEER-RHABARBER-SAUCE

ZUTATEN

TEIG
200 g Topfen
1 Ei
50 g Butter
4-5 EL (Dinkel-)Grieß
3-4 EL (Dinkel-)Mehl
Salz

SAUCE
4 EL Rhabarber (in ca. 0,5 cm große Stücke geschnitten)
200 g Erdbeeren
1 EL Butter
3 EL UhuRed
2 EL UhuGelee
1 Schuss Zitronensaft
Piment gemahlen
2 EL gehackte Pistazienkerne

25 Min. + Rastzeit

ZUBEREITUNG

1. Für den Teig alle Zutaten vermischen, ca. 30 Min. kühl stellen und rasten lassen.
2. Kleine Knödelchen formen und in Salzwasser kochen bis sie schwimmen (dauert ca. 10 Min.).
3. Für die Sauce den Rhabarber in etwas Zitronenwasser köcheln lassen; die Erdbeeren in der Butter anschwitzen, abgetropften Rhabarber und einen Schuss Zitronensaft dazugeben und gemeinsam noch etwas ziehen lassen. Die Sauce mit UhuRed und mit UhuGelee verfeinern. Ev. mit Piment abrunden!
4. Pistazienkerne als Dekoration verwenden.

WEINCHAUDEAU MIT ERDBEEREN

ZUTATEN

125 ml Uhudler
70 g Staubzucker
1 Ei
2 Eigelb
Spritzer Zitronensaft
Salz
Erdbeeren

20 Min.

ZUBEREITUNG

1. Alle Zutaten, außer den Erdbeeren, in einer Schüssel verrühren und im Wasserbad schaumig und dickflüssig rühren. Achtung auf die Temperatur des Wassers!! Der Weinchaudeau darf während des Rührens nicht kochen, da er sonst gerinnt!!
2. Die Erdbeeren vierteln oder achteln und unter die Masse heben.

Besonders schön sieht diese Nachspeise in einem Glas serviert aus - als Deko ein Blatt Zitronenmelisse oder Pfefferminze!

TIPP

Sofort Servieren!

LEMON-CURD TARTELETTE

ZUTATEN

MÜRBTEIG
300 g Mehl (glattes, ev. mischen mit Dinkelmehl)
150 g Butter
Salz
100 g Zucker
kaltes Wasser
2 Dotter
Zitronenzesten

LEMON-CURD
135 g Butter
185 ml Limettensaft
3 Eier
120 g Kristallzucker
1 TL Cardamom
UhuRed
UhuSchok

30 Min. + Rast- und Backzeit

ZUBEREITUNG

1. Für den Teig alle Zutaten vermischen und im Kühlschrank 1 Stunde rasten lassen.
2. Anschließend Teig auswalken und gebutterte Tarteförmchen damit auskleiden, mit einer Gabel Löcher in den Teigboden stechen.
3. Im vorgeheizten Backrohr bei 200 ° C backen bis der Teig Farbe annimmt, dann auskühlen lassen.
4. Für den Lemon-Curd alle Zutaten in eine Metallschüssel geben, diese in einen Topf mit kochendem Wasser stellen und über Wasserdampf den Lemon-Curd cremig schlagen, mit Cardamom und UhuRed abschmecken.
5. Die Masse etwas abkühlen lassen und die Tarteförmchen damit befüllen. Anschließend kalt stellen!
6. Die Stücke mit Himbeeren dekorieren und mit UhuRed und/oder UhuSchok übergießen.

TIPP

Große Tarteform kann auch verwendet werden.

WALDMEISTER-UHUDLER-BOWLE

ZUTATEN

1 großen Bund Waldmeister
1 l Uhudler
1 Flasche trockenen Sekt
Eiswürfel
Zitronenscheiben

ZUBEREITUNG

1. Den Waldmeister hängend einen Tag trocknen.
2. Den Uhudler in einen Krug gießen und die Spitzen des Waldmeister-Bundes ca. 45 Minuten - je nach gewünschter Intensität - in den Wein hängen. Waldmeister entfernen und daran riechen!!!!
3. Vor dem Servieren mit trockenem Sekt aufgießen. Eiswürfel und Zitronenscheiben in das Trinkglas geben und die Bowle einschenken! Eine Schale mit frischen Erdbeeren zum Naschen passt sehr gut dazu!

10 Min. + Trocken- und Marinierzeit

TIPP

Uhudler-Beerenbowle von Waltraud Hoanzl (Obstgut Hoanzl, Kukmirn): 500 g frische Beeren (hier: Himbeeren und Heidelbeeren) mit 1 l Uhudler und 500 ml Wasser aufgießen, 3-5 EL Zucker (nach Geschmack) einrühren. In der Früh anrichten, kalt stellen, ein paar Stunden später in ein Glas abfüllen und genießen.
Genial einfach und schmeckt herrlich!
Fantastisch schmeckt Bowle aus Pfirsich oder anderm Obst mit weißem Uhudler! Kinder- oder antialkoholische Bowle mit Uhudler-Traubensaft und Mineral.

ZUCCHINIBROT

ZUTATEN

40 g Germ
350 ml Wasser zimmerwarm
1 kg Dinkelmehl
350 ml Milch zimmerwarm
Salz
3 Zwiebeln
1 EL Butter
UhuRed
250 g Zucchini
50 g Kürbiskerne gehackt
50 g Walnüsse gehackt
2 Dotter
1 TL Schwarzkümmel zum Bestreuen

25 Min. +
Rast- und Backzeit

ZUBEREITUNG

1. Germ in etwas warmem Wasser auflösen.
2. Dinkelmehl in einer großen Schüssel mit Germ, restlichem Wasser, Milch und etwas Salz vermengen und mit der Hand intensiv kneten. Homogenen Teig zugedeckt 40 Min. gehen lassen.
3. Zwiebel klein schneiden, in etwas Butter anschwitzen und mit einem Schuss UhuRed ablöschen, Masse noch etwas schmoren lassen bis die Flüssigkeit verkocht ist.
4. Zucchini hacheln und mit Nüssen und Zwiebel unter den Teig kneten; sollten die Zucchini zu viel Wasser gelassen haben, ev. noch etwas Mehl dazugeben! Teig noch einmal ca. 20 Min. gehen lassen.
5. Teig halbieren, zu runden Laiben oder zu Striezeln formen (sowie 3 Kreuze oben einritzen), diese auf ein mit Backpapier belegtes Blech legen und zugedeckt nochmals 40 Min. gehen lassen!
6. Die Oberflächen mit Eidotter bepinseln und ev. mit Schwarzkümmel bestreuen.
7. Jetzt erst das Blech in den auf 220° C vorgeheizten Ofen schieben und für ca. 40 Min. backen.

Gazpacho

Zutaten

50 g Bio-Dinkel-Knödelbrot
Uhudler
1/2 Gurke
3-4 Tomaten
1 roter und 1 gelber Paprika
3 Knoblauchzehen
Olivenöl
2 EL Essig
1 EL Ahornsirup
1 EL Worcester-Sauce
1 TL Tabasco
100 ml Uhudler-Traubensaft
50 ml UhuRed (optional 1 EL Ahornsirup/Honig)
Salz
Pfeffer

25 Min. + Einweich-, Kühl-, Trocken- und Marinierzeit

Zubereitung

1. Knödelbrot mit Uhudler übergießen und ziehen lassen; Gurke schälen und würfeln, die beiden Paprika ebenfalls würfelig schneiden, die Tomaten kurz im kochenden Wasser überbrühen, Haut abziehen und würfeln.
2. Das eingeweichte Knödelbrot gemeinsam mit den Tomaten, den Paprika- und Gurkenstücken und den Knoblauchzehen mit dem Stabmixer pürieren (muss nicht ganz fein sein!) und Olivenöl einrühren, salzen, pfeffern, mit Worcester-Sauce, Tabasco, Uhudler -Traubensaft und UhuRed abschmecken.
3. 2-3 Std. kalt stellen.

WASSERMELONENSUPPE

ZUTATEN

Ca. 800 g Wassermelone in große Würfel geschnitten
5 Knoblauchzehen
1 Hand voll Basilikum
2 EL rote Zwiebel gehackt
125 ml Uhudler-Traubensaft
4 EL Zitronensaft
5 EL Olivenöl
Salz
Pfeffer
Ev. Tabasco

10 Min. + Kühlzeit

ZUBEREITUNG

1. Alle Zutaten in eine höhere Schüssel geben und mit dem Pürierstab pürieren!
2. Im Kühlschrank für ca. 2 Std. ziehen lassen; dann noch einmal abschmecken, ev. mit etwas Tabasco verfeinern!
3. Die Suppe wird kalt serviert!

Zucchiniblüten gefüllt mit Grünkern an Tomaten-Uhudler-Sauce

Zutaten

125 g Grünkern
100 ml Gemüsebrühe
100 ml Uhudler
2 Zwiebeln gewürfelt
1 Knoblauchzehe
2 gehäufte EL Topfen
2 EL Hafermark
1 Ei
2 große EL Dill gehackt
7 EL Uhudler-Traubensaft UhuRed
1 große Tomate gewürfelt
Salz
Pfeffer
Zucchiniblüten (4-6 je nach Größe)
125 ml Weißwein
1 EL Butter

Tomatensauce

1 Zwiebel
1 EL Tomatenmark
1 Tomate gewürfelt
1 EL Vollrohrzucker grobkörnig
Salz, Pfeffer
7 EL Uhudler-Traubensaft UhuRed

30 Min. + Einweich- und Bratzeit

Zubereitung

1. Grünkerne über Nacht einweichen; am nächsten Tag in Gemisch aus Uhudler und Suppe kochen bis sie weich sind (dauert ca. 30-40 Min.).
2. Zwiebel glasig anbraten, Knoblauchzehe dazupressen, Dill beimengen. Grünkerne, Zwiebelmasse, Topfen und Tomate vermischen, mit Salz und Pfeffer abschmecken!
3. Für die Tomatensauce wieder Zwiebel anbraten, Tomatenmark mitrösten, die Tomate und den Vollrohrzucker beifügen, mit Salz, Pfeffer und Uhudler-Traubensaft schmoren lassen; mit UhuRed verfeinern;
4. Die Blüten waschen, den Stempel entfernen, die Fülle mit einem Teelöffel vorsichtig hineingeben, etwas zusammendrehen und dann nebeneinander in eine gebutterte Auflaufform legen; etwas Weißwein angießen und bei 220° C ca. 20 Min. gratinieren bis Blüten leicht braun werden oder alternativ in heißem Olivenöl schnell braten und auf Küchenpapier abtropfen lassen.

Tipp

Sollte noch Grünkernmasse übrig sein - in kleine Auflaufförmchen füllen und bei ca. 220° C im Backrohr ca. 20 Min. backen; dann stürzen und als Beilage oder Hauptspeise auf Salat servieren.

ZIEGENKÄSE MIT OLIVEN-KAPERN-SALSA

ZUTATEN

200 g Ziegenfrischkäse
100 g Sauerrahm
4 Karotten
1 gelber Paprika
1 roter Paprika
1/2 Gurke

SALSA

4 EL Olivenöl
2 Knoblauchzehen gepresst
3 EL UhuRed
1 TL Dijon-Senf
2 EL kleine Kapern
2 EL Oliven gehackt
Fleur de Sel
Petersilie gehackt

20 Min.

ZUBEREITUNG

1. Ziegenkäse mit Sauerrahm vermischen und in einen tiefen Teller geben.
2. Gemüse in ca. 5 cm lange, dünne Stücke schneiden und rund um das Gemisch anrichten.
3. Für die Salsa die restlichen Zutaten gut vermischen und darüber leeren. Mit Fleur de Sel und gehackter Petersilie bestreuen.

TIPP

Ideal als Vorspeise an einem heißen Grilltag - man nimmt ein Stück vom Gemüse - sehr gut schmeckt auch Fenchel, Chicoree oder Radicchio - und taucht es in die Käsemasse ein; ein Stück Brot und ein Achterl Weißwein schmecken herrlich dazu!

RUCOLA-UHUDLER-PESTO

ZUTATEN

30 g Rucola
1 Hand voll Petersilie
1 große Knoblauchzehe
30 g Kürbiskerne
100 ml Olivenöl
50 ml UhuRed
Salz
Pfeffer
2 EL Kürbiskernöl
1/2 TL Tabasco
3 EL Parmesan
Rote Pfefferbeeren
Nudeln

15 Min.

ZUBEREITUNG

1. Rucola, Petersilie, Knoblauch, Kürbiskerne und Olivenöl vermengen und mit Stabmixer zerkleinern. Die restlichen Zutaten unterrühren.
2. Mit Nudeln oder Gnocchi vermischen, mit Pfefferbeeren garnieren und servieren.

TIPP 1

Pesto auf Brote verteilen - schmeckt super zum Aperitif. Ausprobieren: einen Löffel in die Gemüsesuppe!

TIPP 2

Abwandlung: Petersilie, einige Sardellenfilets und gehackte Walnüsse als Basis für ein Pesto!

UHUDLER-SULZ

ZUTATEN

200 g Huhn
2 EL Olivenöl
UhuRed
Salz, Pfeffer
1 Prise Chili
1 gehäufter TL Dijon-Senf

TOFU-SULZ-VARIANTE

200 g Tofu statt Huhn

MARINADE

2 Knoblauchzehen gepresst
1 EL Dijon-Senf
1 EL Rucola-Uhudler-Pesto (Seite 38) oder Olivenöl vermischt mit zerkleinerten Kräutern
3 EL UhuRed
Saft einer Zitrone
500 ml Gemüsesuppe
100 ml Uhudler-Traubensaft
10 Blätter Bio-Blatt-Gelatine
60 g Karotten
70 g Erbsen
80 g Paprika
20 g Frühlingszwiebel
20 g Walnüsse klein
Kräuter (z.B. Zitronenthymian)
Einige EL Frühlingszwiebel geschnitten
Essig und Öl

20 Min. + evtl. Marinier- und Kühlzeit

ZUBEREITUNG

1. Huhn in kleine Stücke schneiden, in 2 EL Olivenöl anbraten, mit UhuRed ablöschen, mit Salz, Pfeffer, Chili und Dijon-Senf abschmecken.
2. Tofuvariante: Knoblauch, Dijon-Senf, Pesto, Zitronensaft und UhuRed in verschließbarer Plastikdose verrühren, Tofu klein schneiden, beimengen, Deckel zumachen, den Behälter schütteln und den Tofu ziehen lassen.
3. Gemüsesuppe mit Uhudler-Traubensaft vermengen, aufkochen und Gelatine darin aufweichen; kurz abkühlen lassen.
4. Das Fleisch bzw. den Tofu mit Gemüse, Nüssen und Kräutern vermischen und in die vorgesehenen Behälter füllen (nicht zu tief; z.B. Suppenteller) und die Gelatine-Flüssigkeit darüber leeren. Erkalten lassen.
5. Nach ca. 2,5 Std. kann man das Gefäß stürzen, die Sulz portionieren, mit Frühlingszwiebel, Uhudler-Essig und Traubenkernöl marinieren und servieren.

KRÄUTER-REISBÄLLCHEN MIT KAROTTENPÜREE

ZUTATEN

REISBÄLLCHEN

150 g Reis
1/2 Menge Wasser
1/2 Menge Uhudler-Traubensaft
Salz
6 EL frischer Majoran gehackt
4 EL Parmesan
3 EL Mandeln gerieben
2 EL Weizenkleie
2 Eier
Salz, Pfeffer

KAROTTENPÜREE

1 Zwiebel gewürfelt
Butter
Olivenöl
300 g Karotten gewürfelt
2 EL Ingwer gehackt
2 TL Curry, Salz, Pfeffer
20 ml Uhudler-Traubensaft
20 ml Gemüsesuppe
1 Spritzer Zitronensaft
1-2 EL Butter

45 Min. +
Koch- und Bratzeit

ZUBEREITUNG

1. Reis in Gemisch aus Uhudler-Traubensaft, Wasser und etwas Salz kochen. Reis abkühlen lassen und dann mit den restlichen Zutaten gut durchmischen.
2. Mit einem Teelöffel immer wieder eine kleine Menge Reis aus der Schüssel nehmen und in der linken Handinnenfläche - mit Hilfe der Finger der rechten Hand - Bällchen formen; ev. die Finger mit kaltem Wasser befeuchten.
3. Sofort in Olivenöl heraus backen - VORSICHT - die Bällchen nehmen sehr leicht Farbe an. Die fertigen Bällchen auf Küchenpapier abtropfen lassen.
4. Für das Püree Zwiebel im Butter-Olivenöl-Gemisch glasig braten, Karotten und Ingwer beimengen und mitbraten. Ingwer dazugeben und gut durchmischen; mit Curry, Salz und Pfeffer abschmecken.
5. Die Masse mit Uhudler-Traubensaft ablöschen und köcheln lassen. Wenn die Flüssigkeit reduziert ist, mit der Gemüsesuppe aufgießen und solange köcheln lassen bis die Karotten weich sind; mit dem Pürierstab pürieren, mit Zitronensaft und Salz abschmecken, Butter unterrühren.
6. Die Bällchen auf das Karottenpüree setzen und servieren.

PARASOL-PILZ

ZUTATEN

1 großer Parasol-Pilz
Mehl
1 Ei
Brösel
Butterschmalz
UhuRed
Fleur de Sel

20 Min.

ZUBEREITUNG

1. Den Stiel vom Pilz trennen, den Kopf klassisch panieren und in Butterschmalz herausbraten; mit Fleur de Sel bestreuen; mit UhuRed zum Tunken servieren.

TIPP 1

Noch geschlossene Parasol-Pilze in Wasser stellen, dann gehen sie auf.

TIPP 2

UhuRed mit gehackter Zwiebel und griechischem Joghurt vermischen und mit dem Pilz servieren.

UHUDLER FINGERFOOD

ZUTATEN

KAROTTEN-KICHER-ERBSEN-CREME

4 Karotten klein gewürfelt
2 rote Zwiebeln gehackt
2 EL Ingwer klein gehackt
2 EL Vollrohrzucker grobkörnig
1 Dose Kichererbsen
8 EL UhuRed
1 TL Cardamom
1 EL Rahm
1 EL Zitronensaft
1 EL Limetttensaft
1 EL Olivenöl
Vollkornbaguette

25 Min.

THUNFISCHCREME

1 Dose Thunfisch (naturell)
4 EL halbierte/geviertelte Perlzwieberl aus dem Glas
4 EL Mayonnaise (20-30%)
2 EL Crème Fraiche
3 EL gemischte Kräuter gehackt
1 EL Zitronensaft
2 EL UhuRed
Je 1 Prise Salz, Pfeffer
1 Zweig Koriander
Chicoree

10 Min.

ZUBEREITUNG

KAROTTEN-KICHERERBSEN-CREME

1. Karotten und Zwiebel in Olivenöl anbraten, den gehackten Ingwer beimengen, schmoren lassen und mit Vollrohrzucker karamellisieren.
2. Die Masse mit UhuRed aufgießen und auf kleiner Flamme zugedeckt schmoren lassen.
3. Kichererbsen beimengen und wieder schmoren lassen.
4. Wenn sich die Masse gut vermischt hat, mit dem Pürierstab grob pürieren, Rahm, Zitrone, Olivenöl und Cardamom hinzufügen.
5. Vollkornbaguette in Scheiben schneiden und mit Creme bestreichen.

TIPP

Karotten-Kichererbsen-Creme mit Uhudler-Essig verfeinern.

THUNFISCHCREME

1. Thunfisch abgießen und mit einer Gabel zerdrücken. Gemeinsam mit Perlzwieberl, Mayonnaise, Crème Fraiche und Kräutern in eine Schüssel geben, den Zitronensaft und UhuRed beimengen, mit Salz und Pfeffer würzen.
2. Chicoree zerteilen und je 1 EL der Thunfisch-Creme in ein ‚Schiffchen' setzen, mit gehacktem Koriander bestreut servieren.

UHUDLER FINGERFOOD

ZUTATEN

LACHSTÜRMCHEN

2 EL Topfen
1 EL Rahm
1 Knoblauchzehe gepresst
2 EL Zwiebel gewürfelt
2 EL Kräuter (z.B. Schnittlauch, Zitronenthymian, Thymian, Zitronenmelisse)
1 TL Kren
100 g Räucherlachs
6 EL Uhudler
1 Prise Salz
1 Prise Pfeffer
1 EL rosa Pfefferbeeren
Pumpernickel

20 Min. + Marinierzeit

EIERSCHWAMMERL-FRITTATA

2 Zwiebel gehackt
Ca. 300-400 g Eierschwammerl
Salz
Pfeffer
Uhudler
3 Eier verquirlt
Schnittlauch
Pfeffer
Kürbiskernöl
Brot

20 Min.

ZUBEREITUNG

LACHSTÜRMCHEN

1. Lachs mit Uhudler beträufeln und im Kühlschrank zwei Stunden ziehen lassen.
2. Die restlichen Zutaten vermischen, salzen, pfeffern und die rosa Pfefferbeeren unterheben.
3. Den Lachs aus der Marinade heben, etwas abtupfen. Pumpernickel und Lachs in gleichgroße Quadrate schneiden. Ein Brötchen mit Creme bestreichen, mit dem Lachs belegen und ein weiteres Brötchen mit Creme und Lachs darauf legen - mit einem Brötchen schließen. Weitere ‚Türmchen' herstellen - ev. mit Zahnstochern fixieren, die man nett mit einer Blume dekorieren kann.

EIERSCHWAMMERL-FRITTATA

1. Zwiebel und kleine Eierschwammerl in Butter-Olivenöl-Gemisch anbraten; mit Uhudler aufgießen, kurz schmoren lassen und Eier darüberleeren; stocken lassen, salzen.
2. Auf knusprig gebackenen Brotscheiben servieren; mit Schnittlauch bestreuen, pfeffern und mit Kürbiskernöl beträufeln.

KNACKERLAUFSTRICH

ZUTATEN

1 Knacker
1 Zwiebel
1 große Knoblauchzehe
2 EL Topfen
3 EL Rahm
3 Essiggurken gewürfelt
2 Pfefferoni
1 Prise Pfeffer
1 Prise Salz
1 Schuss Apfelessig
3 EL UhuRed
Brot

ZUBEREITUNG

1. Knacker würfeln, Zwiebel, Knoblauch, Topfen, Rahm, Essiggurken und Pfefferoni dazu geben.
2. Die Masse pürieren und mit Salz, Pfeffer, Essig und UhuRed abschmecken!
3. Den Aufstrich auf ein dunkles, würziges Brot streichen und mit Schnittlauch bestreut servieren.

10 Min.

ASIATISCHES FINGERFOOD

UHUDLER GOES VIETNAM

ZUTATEN

250 g Garnelen geschält
2 EL Butter
2 Knoblauchzehen
80 g Karotten
80 g Kohlrabi
4 EL Erdnüsse gehackt
1 Knoblauchzehe
1 EL Zwiebel gehackt
80 g Sojasprossen
Korianderzweige
Reisblätter

MARINADE

6 EL Fischsauce
2 EL Apfelessig
4 EL Wasser
1 1/2 EL Zitrone
4 EL Uhudler-Traubensaft
1/2 rote Chili gehackt
1 TL Ingwer gerieben

SAFTERL

4 EL UhuRed
2 EL Uhudler
1 Knoblauchzehe gepresst
1 TL Ingwer gerieben

25 Min.

ZUBEREITUNG

1. Garnelen in Butter gemeinsam mit Knoblauch anbraten bis sie leichte Farbe annehmen.
2. Die Masse auskühlen lassen und klein hacken.
3. Für die Marinade alle Zutaten vermischen; die Garnelen, die Gemüse-Zutaten und die Marinade vermischen und im Kühlschrank einige Stunden ziehen lassen.
4. Reisblätter jeweils kurz in kaltem Wasser (am besten auf einem Speiseteller) erweichen lassen, herausnehmen, 1-2 EL der Shrimpsmasse darauf verteilen, Korianderzweig darauf legen, seitlich die Ränder einschlagen und zu kleinen Rollen formen.
5. In UhuRed-Safterl eintauchen und genießen!

ZWIEBELKUCHEN

ZUTATEN

TEIG

250 g Mehl
1/2 TL Salz
1 Prise trockener Senf (gemahlene Senfkörner)
120 g Butter
1 Eigelb
Wasser zum Mischen

FÜR DIE FÜLLUNG

700 g Zwiebel gewürfelt
4 EL UhuRed
60 g Butter
Je 1 Prise Majoran, Salbei, Muskatnuss, Thymian, Paprika,
125 ml Sauerrahm
3 Eier
Salz nach Geschmack

30 Min. + Rast- und Backzeit

ZUBEREITUNG

1. Aus den Zutaten einen Mürbteig herstellen und einige Zeit kühl stellen.
2. Die Butter zerlassen, Zwiebel darin anbraten und glasig dünsten, mit UhuRed ablöschen und etwas abkühlen lassen. Gewürze, Eier und Sauerrahm unter die Zwiebeln mischen.
3. Teig auswalken, Boden der Backform (Springform oder Backblech) und den Rand gleichmässig mit dem Teig auslegen. Füllung darauf verteilen und im vorgeheizten Backrohr bei ca. 200° C ca. 50-60 Minuten backen.
4. Mit grünem Salat servieren!

TIPP

Man kann mit dem Zwiebel auch 100 g Speckwürferl mitbraten! Für VegetarierInnen eignet sich Tofu sehr gut!

Brokkoliröschen und Sardellen auf Pasta

Zutaten

2 rote Zwiebeln gewürfelt
4 Knoblauchzehen gehackt
Butter
Olivenöl
Ca. 80 g Sardellen (in Olivenöl eingelegt)
Ca. 500 g Brokkoliröschen
einige EL UhuRed
1 Schuss Schlagobers
Salz
Pfeffer
Pasta (Farfalle, Risoni...)

Optional: Kaninchenteile
Knoblauch
Kräuterzweige (Salbei und Rosmarin)
Olivenöl
250 ml Weißwein
Salz
Pfeffer

45 Min. + evtl. Bratzeit Kaninchen

Zubereitung

1. Brokkoliröschen kurz blanchieren - sie sollen noch knackig sein! In einer Pfanne Zwiebel und Knoblauch in Butter-Olivenöl-Gemisch anbraten;

2. Sardellen einrühren und kurz mitbraten; die zerkleinerten Brokkoliröschen dazugeben und noch etwas zusätzliche Butter in der Masse schmelzen lassen.

3. Mit UhuRed aufgießen, leicht köcheln lassen und mit einem Schuss Schlagobers verfeinern, mit Salz und Pfeffer abschmecken. Pasta kochen, Wasser abgießen und in der Pfanne mit der Sauce vermengen. Nochmals abschmecken!

Tipp 1

Diese Pasta passt wunderbar zu gebratenen Kaninchenteilen. Dafür das zerlegte, küchenfertige Kaninchen in Butter-Olivenöl-Gemisch von beiden Seiten anbraten; gemeinsam mit vielen Knoblauchzehen und Kräuterzweigen in eine Auflaufform geben, Weißwein angießen und für ca. 1,5 Stunden bei 200°-220° C ins Backrohr schieben. Während der Bratzeit eventuell die Teile einmal wenden. Vor dem Servieren mit Salz und Pfeffer würzen.

Tipp 2

Schöpfer vom Pasta-Kochwasser unter die Sauce mischen - somit wird diese etwas ‚flüssiger'.

ZITRONEN-ZUCCHINI-NUDELN MIT HENDERL-BRUST

ZUTATEN

2 Hühnerbrüste
Salz
Pfeffer
250 ml Weißwein
Ca. 300 g Zucchini

ZUCCHINI-NUDELN

4 EL Thymianblätter
Butter
Olivenöl
3 Knoblauchzehen gehackt
Schale und Saft von 2 Zitronen
3 EL Uhudler-Traubensaft
UhuRed,
Salz, Pfeffer
Fleur de Sel

30 Min. + Bratzeit

ZUBEREITUNG

1. Hühnerbrüste salzen und pfeffern, beidseitig in Olivenöl anbraten und für ca. 30 Min. bei 220° C im Backrohr braten lassen; etwas Weißwein während dem Bratvorgang angießen.
2. Zucchini in schmale Stifte schneiden und gemeinsam mit dem Thymian im Butter-Olivenöl-Gemisch kräftig anbraten, Knoblauch dazugeben und alles gut vermischen. Geriebene Zitronenschale, Zitronensaft und Uhudler-Traubensaft beifügen, und die Sauce noch einige Minuten schmoren lassen.
3. Die Nudeln kochen, abseihen und zum Servieren auf Teller geben; die Zucchinisauce darauf verteilen.
4. Die Hühnerbrüste in Scheiben schneiden und auf dem Nudelteller anrichten.
5. Darüber leert man vorsichtig UhuRed und würzt mit Fleur de Sel und Pfeffer.

SOMMERLICHES RISOTTO

ZUTATEN

RISOTTO

1 Zwiebel
200 g Risottoreis
1 EL Olivenöl
1 EL Butter
50 ml UhuRed
1 l Gemüsesuppe
1,5 EL Butter
1 Hand voll Parmesan frisch gerieben
3 Knoblauchzehen gepresst
Butter

SALSA

2 Zwiebeln gehackt
1 Glas Sardellen zerkleinert (32g Abtropfgewicht)
Kapern (35g Abtropfgewicht)
je 60 g schwarze und grüne Oliven gehackt
2 Knoblauchzehen
40 g Pinienkerne
4 EL UhuRed
1 gehäufter EL Rosmarin gehackt
Parmesan grob gerieben

50 Min. + Kochzeit Gemüsesuppe

ZUBEREITUNG

1. Reis in Butter-Olivenöl-Gemisch anrösten, mit UhuRed ablöschen und mit etwas Suppe aufgießen. Die Flüssigkeit verkochen lassen und immer wieder mit der restlichen Suppe aufgießen und rühren!
2. Den Reis solange köcheln lassen bis er weich aber noch etwas kernig ist.
3. Butter, Parmesan und Knoblauch in den Reis rühren - ev. nochmals mit Suppe verdünnen
4. Für die Salsa den Zwiebel in 3 EL Olivenöl anbraten, Sardellen, Oliven und Kapern dazugeben und anbraten; Knoblauch dazupressen, Pinienkerne und UhuRed untermischen.
5. Das Risotto mit der Salsa verrühren und auf Teller verteilen, Zitronensaft darüber träufeln, mit Rosmarin und Parmesan verziert servieren.

TIPP

Fangfrisches Fischfilet oder Kalbsfilet passen sehr gut dazu.

FISOLENGULASCH

ZUTATEN

500 g Fisolen
Butter
Olivenöl
3 Zwiebeln gewürfelt
3 Knoblauchzehen gepresst
3 EL Tomatenmark
1 EL Kümmel
1 TL süßer Paprika gemahlen
Salz
Pfeffer
1 Prise Chili
Majoranzweigerl
Maggikraut (Liebstöckel)
3 EL UhuRed
1 EL Rotweinessig
600 ml Gemüsesuppe
(Seite 99)

optional:
2 ‚Längen' Cabanossi
2 EL Mehl
3 EL Sauerrahm

30 Min. +
Kochzeit Kartoffeln

ZUBEREITUNG

1. Fisolen waschen, Enden abschneiden, ev. den Faden mitziehen
2. In einer Pfanne Butter-Olivenöl-Gemisch heiß werden lassen, Zwiebel und Knoblauch darin anschwitzen; Tomatenmark und Gewürze einrühren, Maggikraut und Majoran beifügen, Fisolen dazugeben, mit UhuRed und Rotweinessig ablöschen und mit der Gemüsesuppe aufgießen. Die Fisolen köcheln lassen bis sie weich sind.
3. Gegen Ende der Kochzeit die in Scheiben geschnittene Cabanossi dazugeben und noch etwas mitköcheln lassen.
4. Mehl und Sauerrahm vermischen und in das Gulasch einrühren.
5. Mit frischen Kartofferl servieren.

EIERSCHWAMMERL IN UHUDLER-SAUCE MIT SEMMELKNÖDEL

ZUTATEN

KNÖDEL

150 g Semmelwürferl
Ca. 150 ml Milch
2 Eier
Salz
Pfeffer
Muskatnuss
1 TL Zitronenzesten
1 Bund Petersilie gehackt
1 Zwiebel gewürfelt
1 EL Butter
2 EL UhuRed
2 EL Hafermark
Ergibt ca. 6 Knödel

SCHWAMMERLSAUCE

1 kg Eierschwammerl
3 Zwiebel gewürfelt
1 EL Butter
1 EL Olivenöl
1 Bund Petersilie
1 Schuss Uhudler-Essig
4 EL UhuRed
Salz
Pfeffer
1 EL Mehl
Schlagobers
Rote Pfefferbeeren

40 Min. + Einweich- und Kochzeit

ZUBEREITUNG

1. Milch, Eier, Salz, Pfeffer, Muskatnuss, Zitronenzesten vermischen und über Semmelwürferl gießen, ca. 20 Min. quellen lassen.
2. Butter erhitzen, Zwiebel darin glasig andünsten und gehackte Petersilie dazugeben, mit UhuRed ablöschen und einige Minuten weiterbraten, etwas auskühlen lassen, ebenfalls über Semmelwürfelmasse geben und mit Hafermark zum Binden einarbeiten. In einem großen, weiten Topf reichlich Salzwasser zum Kochen bringen.
3. Mit angefeuchteten Händen kleine Knödel formen und im siedenden Wasser 20 Min. ziehen (nicht kochen!) lassen.
4. Schwammerlsauce: Eierschwammerl putzen; Zwiebel in Butter-Olivenöl-Gemisch glasig anbraten, Schwammerl und Petersilie dazugeben, gut durchrösten und mit etwas Uhudler-Essig ablöschen, 3 EL UhuRed dazugeben; die Masse etwas schmoren lassen, würzen, dann leicht stauben und mit Schlagobers verfeinern.
5. Mit Pfefferbeeren garniert servieren.

STEINBEISSERFILET AUF TOMATEN-ZWIEBEL-UHUDLER-SAUCE

ZUTATEN

SAUCE
6 Tomaten
2 Zwiebeln
Butter
Olivenöl
2 EL Vollrohrzucker grobkörnig
1 gehäufter EL Kräuter aus dem Garten nach Geschmack
7 EL Uhudler
Salz
Pfeffer

FISCH
4 Steinbeißer oder andere Fische (à 240g)
3 EL Mehl

FÜLLE
Zitronenscheiben
Kräuter
Knoblauch (stifteln)
nach Geschmack Fleur de Sel

45 Min.

ZUBEREITUNG

1. Tomaten in kochendem Wasser überbrühen und die Haut abziehen, entkernen und gemeinsam mit Zwiebeln würfelig schneiden.
2. Tomaten und Zwiebel in Butter-Olivenöl-Gemisch langsam anbraten, gehackte Kräuter dazugeben, durchrösten, Rohrzucker und 2 EL Olivenöl dazugeben und lange auf kleinster Stufe weiter schmoren lassen. Mit Salz, Pfeffer und Uhudler abschmecken!
3. Fisch mit Mehl bestäuben und mit Kräutern, Zitronenscheiben und Knoblauch füllen. In Butter-Olivenöl-Gemisch knusprig braten.
4. Fische filetieren.
5. Die Sauce in der Mitte des Tellers anrichten und darauf ein Fischfilet platzieren. Mit Fleur de Sel bestreuen!

KRÄUTERFISCH MIT FISOLEN

ZUTATEN

Ca. 700 g Fischfilets
Dinkelmehl
Butter
Olivenöl
Frische Salbeibätter
Petersilie grob gehackt
Curry
Muskatnuss gerieben
Fleur de Sel

FÜR DIE FISOLEN

80 g Cashew-Nüsse
Butter
2 EL UhuRed
2 EL Soja-Sauce
2 Hände voll Fisolen

45 Min.

ZUBEREITUNG

1. Fischfilets auf der Hautseite mit Dinkelmehl stauben und gemeinsam mit Salbeiblättern und Petersilie in Butter-Olivenöl-Gemisch knusprig braten, Curry und Muskatnuss über den Fisch streuen und nocheinmal kurz im Fett wenden.
2. Fisolen an den Enden abschneiden, ev. den Faden mitziehen.
3. Die Cashewnüsse in Butter leicht bräunen, wieder aus der Pfanne nehmen; die Fisolen in dieser Pfanne anbraten mit UhuRed und Soja-Sauce aufgießen und unter Rühren ca. 15 Min weiterbraten.
4. Gemüse und Cashewnüsse gemeinsam mit dem knusprigen Fischfilet - mit Fleur de Sel bestreut- und den Kräutern servieren.

TIPP

Fischfilets mit Kräutern, Gewürzen und je 1 EL Uhudler-Traubensaft und einem Schuss Pastis einzeln in Alufolie verpacken und im Backrohr bei ca. 200° C 20-25 Min. braten lassen.

GRILLSPIESSE

ZUTATEN

800 g diverse Fleischsorten
Ca. 500 g Gemüse (z.B. Zucchini, Champignons, Zwiebel, roter Paprika)

MARINADE

3 EL Ingwer gerieben
6 Knoblauchzehen gepresst
15 EL UhuRed
Ca. 150-200 ml Olivenöl
Salz, Pfeffer

FÜR DIE BEILAGE

Knoblauch in Alufolie:
25-30 Knoblauchzehen
Einige Zweige Thymian, Salbei, Rosmarin, Oregano
Salz, Pfeffer
4 EL Olivenöl
5 EL UhuRed

TOMATEN GEBRATEN

Tomaten
Kräuter, Knoblauch
Salz, Pfeffer
Olivenöl
UhuRed

30 Min. + Marinier- + Bratzeit

ZUBEREITUNG

1. Fleisch und Gemüse in Würfel schneiden und die Spieße damit bestücken. Zutaten für die Marinade vermischen.
2. Spieße in ein flaches Gefäß, z.B. in eine eckige Auflaufform, legen und mit der Marinade bestreichen; für einige Stunden im Kühlschrank marinieren lassen.
3. Man kann die Spieße entweder in der Pfanne oder auf dem Grill zubereiten.
4. Knoblauch-Beilage: Zecherl mit Kräuterzweigen und UhuRed in ein Alufolienschifferl geben, salzen, pfeffern und bei 220° C 45-60 Min. im Backrohr braten, je nachdem, wie weich man den Knoblauch genießen möchte.
5. Tomaten halbieren und gemeinsam mit geschälten Knoblauchzehen in eine Auflaufform setzen, würzen, mit Olivenöl und UhuRed übergießen. Im Backrohr bei 220° C ebenfalls ca. 45-60 Minuten braten.

WILDKRÄUTER-QUICHE

ZUTATEN

MÜRBTEIG
420 g Mehl
160 g Butter
2 Eier
1 Prise Salz
Kaltes Wasser nach Bedarf

BELAG
5 Hände voll gemischte Wildkräuter der Saison (z.B. Brennnessel, Löwenzahn, Vogelmiere, Giersch)
2 große Zwiebeln
Olivenöl
Butter
4 Eier
70 g geriebener Käse
1-2 Handvoll entkernte Uhudler-Trauben
1 Becher Sauerrahm und optional 1 Becher Schlagobers und/oder Crème Fraiche
Salz
Pfeffer

45 Min. +
Rast- und Backzeit

ZUBEREITUNG

1. Mürbteig: Alle Zutaten schnell zu einem Teig verkneten und im Kühlschrank ca. 30 Min. rasten lassen.
2. Zwiebel schneiden und langsam in Butter-Olivenöl-Gemisch anbraten bis die Masse glasig und süß ist; Uhudler-Trauben und Wildkräuter gut waschen, abtropfen lassen, die Kräuter hacken und alles mit anbraten.
3. Eine gebutterte Tarteform mit dem Teig auskleiden, mit einer Gabel Löcher in den Boden stechen und im vorgeheizten Backrohr ca. 10 Min. vorbacken.
4. Die Eier in einer Schüssel verquirrlen. Sauerrahm, Sahne/Crème Fraiche, geriebenen Käse, Salz und Pfeffer dazu geben.
5. Den Zwiebel-Kräuter Belag auf dem vorgebackenen Teig verteilen, das Eier-Rahmgemisch darüber gießen und die Quiche bei ca. 180° C ca. 45 Min. backen.

Giersch

Vogelmiere

LETSCHO

ZUTATEN

300 g Tomaten
300 g Zucchini
300 g Paprika
4 Zwiebel (weiß und rot)
125 ml Olivenöl
5 Knoblauchzehen gepresst
Salz
125 ml Uhudler-Traubensaft
2 EL Petersilie gehackt
1/2 TL Tabasco
4 EL Ketchup

20 Min. +
Bratzeit

ZUBEREITUNG

1. Backrohr bei ca. 220° C vorheizen. Tomaten, Zucchini, Paprika und Zwiebel in mundgerechte Stücke schneiden, in eine Auflaufform geben und salzen.
2. Das Olivenöl mit dem Knoblauch vermischen und unter die Gemüsemasse rühren.
3. Die Auflaufform für 30 Min. in das Backrohr schieben
4. Dann neuerlich gut durchmischen und Uhudler-Traubensaft dazugießen.
5. Nach weiteren 40 Min. die Auflaufform aus dem Backrohr nehmen, Tabasco und Ketchup dazugeben.
6. Mit gehackter Petersilie bestreuen und mit frischen Kartofferl servieren.

TIPP

Dazu kann es gebratene Knacker, Fleischlaibchen, Schweinslungenbraten, Fischfilet... geben.

MINI-ZUCCHINI MARINIERT IN UHURED

ZUTATEN

200 g Mini-Zucchini
50 ml Olivenöl
UhuRed
Ev. 1 Schuss Uhudler-Essig

ZUBEREITUNG

1. Zucchini in dünne Scheiben schneiden, in einer Pfanne in Olivenöl so anbraten, dass sie beidseitig etwas Farbe bekommen.
2. Mit UhuRed ablöschen, ev. mit einem Schuss Uhudler-Essig verfeinern!
3. Die marinierten Zucchini kann man als Beilage zu Fisch oder Fleisch verwenden!

30 Min.

TIPP

Gebratene Zucchini in ein Glas geben, mit UhuRed auffüllen, mit dem Deckel gut verschließen und im Kühlschrank aufbewahren. Schmeckt auch kalt sehr gut zur Jause.

BUTTERMILCH-UHUDLER-KOMBUCHA-DIGESTIF

ZUTATEN

250 ml Buttermilch
100 ml Kefir
1/2 TL Cardamom
100 ml Kombucha
100 ml Uhudler-Traubensaft
1 gehäufter TL Ingwer fein gerieben

ZUBEREITUNG

1. Zutaten vermengen, kaltstellen, genießen

5 Min.

TIPP

Kombucha ist ein prickelnd-aktives Teepilzgetränk mit ganzheitlicher Wirkung, altbewährt und sehr bekömmlich. Dieses asiatische Naturmittel entsteht durch Fermentation des Kombucha-Teepilzes. Regelmäßig mit frischem Tee und Rohrzucker angesetzt, versorgt er meine Familie mit diesem aromatischen Powerdrink. Der Kombucha erneuert sich immer wieder selbst - eine Anschaffung fürs Leben!

MÄDESÜSS-CREPES

ZUTATEN

1 große Hand voll Mädesüßblüten
10 Mädesüßblätter
500 ml Milch
250 g Mehl
4 Eier
1 Packerl Vanillezucker
Prise Salz
50 g Butter optional

FÜR DIE FÜLLE

UhuGelee
Marmelade
Honig
Schokolade
Vanille
Zimt...
UhuSchok

20 Min. + Marinierzeit

ZUBEREITUNG

1. Blüten und Blätter waschen und auf Küchenpapier trocknen lassen. Blüten kalt stellen.

2. Blätter mit 250 ml Milch übergießen und 6 Stunden kalt stellen. Milch anschließend durch ein feines Sieb seihen.

3. Mehl und Eier in einer Schüssel verrühren, mit einem Schneebesen erst die aromatisierte Milch, nach und nach die restliche unterrühren. Vanillezucker und Salz dazugeben und den Teig ca. 1-2 Stunden rasten lassen.

4. Butter in einer heißen Pfanne zerlassen, 1/2 Schöpflöffel Teig hinein geben und Crepes herstellen.

5. Der Teig reicht für ca. 16 Crepes, die man je nach Wunsch füllen kann - der Phantasie sind keine Grenzen gesetzt - UhuGelee, Marmelade, Beeren, Honig, Eis - als Deko dienen die Mädesüß-Blüten und UhuSchok!!

TIPP 1

Mädesüß-Uhudler-Cidre: 6 Mädesüß-Blätter 2 Wochen in Uhudler durchziehen lassen, abseihen und gut gekühlt servieren. Funktioniert auch alkoholfrei mit Uhudler-Traubensaft.

TIPP 2

Mädesüß-Uhudlerwein: 50 g Mädesüßblüten und 2 EL Honig in 1 l Uhudler ansetzen und 3 Tage ziehen lassen.

GEBRATENE MARILLEN AUF VANILLEEIS

ZUTATEN

40 g Vollrohrzucker grobkörnig
1 EL Butter
4 große Marillen
UhuRed
Vanilleeis
Bunter Pfeffer

ZUBEREITUNG

1. Vollrohrzucker in einer Pfanne leicht karamellisieren lassen, 1 EL Butter dazugeben, die entkernten Marillen achteln und darin einige Minuten braten bis sie Farbe angenommen haben.
2. Mit UhuRed ablöschen und mit Pfeffer bestreut auf Vanilleeis servieren!

15 Min.

TIPP

Auf einem Teller angerichtet wirkt dieses Gericht optisch schöner, im Glas vermischen sich allerdings die warmen Marillen mit dem Eis ganz wunderbar zu einer Einheit- und unser UhuRed ist die Krönung!

KIRSCHENRAGOUT AUF GRIECHISCH

ZUTATEN

300 g Kirschen entkernt
100 ml Uhudler
2 EL Vollrohrzucker grobkörnig
Schale von 1/2 Zitrone
2 TL frisch gepresster Zitronensaft
1 gehäufter TL Cardamom
3 EL Pinienkerne
Butter
2 EL Vollrohrzucker grobkörnig
1 EL Thymianblätter
200 g Griechisches Joghurt

30 Min. +
Kochzeit

ZUBEREITUNG

1. Kirschen mit Uhudler, Zucker, Zitronenschale, Zitronensaft und Cardamom in einem Topf ca. 30 Min köcheln lassen;
2. Pinienkerne in Butter anrösten, mit Vollrohrzucker karamellisieren lassen; 1 EL Thymianblätter dazu geben - kurz durchrösten, dann aus der Pfanne nehmen, damit sie nicht nachbräunen!
3. Lauwarmes Kirschragout auf Joghurt anrichten, mit Pinienkernen garnieren!

UHUDLER-KOKOS-TRAUM

ALKOHOLFREIER COCKTAIL

ZUTATEN

100 g Uhudler-Trauben
150 ml frisch gepresster Uhudler-Traubensaft
20 ml Limettensaft
25 ml Kokos-Sirup
1 Zitronengrashalm
Eiswürfel

ZUBEREITUNG

1. Trauben waschen, einige ganze zum Garnieren aufheben, die übrigen halbieren und entkernen. Zitronengras in 3 cm lange Stücke schneiden und zerdrücken.
2. Die Trauben und Zitronengrasstücke mit den Säften verrühren, 10 Min. kalt stellen; anschließend Zitronengrasstücke wieder entfernen.
3. Eiswürfel in ein hohes Glas geben, mit der Saftmischung auffüllen, Kokossirup hinein geben, verrühren.
4. Garnieren und einfach genießen.

20 Min. + Kühlzeit

Griessschmarrn mit Zwetschken-Uhudler-Röster

Zutaten

Zwetschkenröster

200 g Zwetschken
1 EL Butter
2 EL Vollrohrzucker grobkörnig
125 ml UhuRed
1 TL Zimt gemahlen
1 EL Orangen- und 1 EL Zitronenzesten
1 TL Cardamom
1 EL Zitronensaft

Grießschmarrn

250 ml Milch
125 g Weizengrieß
Salz
einige EL Butter
1 gehäufter EL Vollrohrzucker grobkörnig

20 Min. + Kochzeit

Zubereitung

1. Zwetschken entsteinen und vierteln.
2. In einem Topf Butter zerlassen, Zucker karamellisieren, mit UhuRed ablöschen, gut umrühren, Zwetschken, Gewürze und Zitronensaft dazugeben. Bei niedriger Temperatur ca. 20 Min. köcheln lassen.
3. Für den Grießschmarrn die Milch in einem Topf erwärmen, den Grieß einrieseln lassen und unter ständigem Rühren eindicken lassen.
4. Butter in einer Pfanne zerlassen, und den Brei (eher klumpig) hineingeben und flachdrücken. Auf beiden Seiten braun werden lassen, mit einem ‚Küchenfreund' vorsichtig zerteilen.
5. Nochmals Butter und Zucker darüberstreuen und knusprig braten.

ZIEGENKÄSECREME MIT RIBISELN

ZUTATEN

5 EL Ziegen-Gervais
2 EL Ahornsirup
3 EL Ziegenjoghurt
2 EL UhuRed

DEKORATION

4 EL rote Ribiseln
Schokoraspel

10 Min.

ZUBEREITUNG

Alle Zutaten vermengen, die roten Ribiseln darübergeben und mit Schokoraspel dekorieren.

APERITIF

ZUTATEN

UhuGelee
Minze (Schokominze passt besonders gut)
Crashed Ice
Prosecco
Sodawasser

ZUBEREITUNG

1. UhuGelee mit Minze pürieren.
2. In ein Trinkglas Crashed Ice geben, UhuGelee und Minze darüber leeren, mit Prosecco und Soda aufspritzen, natürlich adrett mit Strohhalm und netter Minzdeko.

5 Min.

Uhudler-Cocktail mit Malzbier

Zutaten

Pro Person:
10 cl Uhudler bzw. frisch gepresster Uhudler-Traubensaft
1 EL Honig
1 Spritzer Vanillearoma
10 cl Malzbier gekühlt

Zubereitung

1. In ein robustes Tumblerglas Uhudler bzw. frisch gepressten Uhudler-Traubensaft, Honig und Vanillearoma verrühren.
2. Danach wird mit Malzbier vorsichtig aufgegossen bis der letzte Luftraum im Glas verdrängt ist und dann in einem Zug ausgetrunken.

5 Min.

SALAT MIT BIRNEN, BLAUSCHIMMELKÄSE UND NÜSSEN

ZUTATEN

3 Birnen
Etwas Zitronensaft
Butter
2-3 EL Vollrohrzucker grobkörnig
UhuRed
1 Gurke
2 rote Zwiebeln
150 g Blauschimmelkäse

DRESSING

3 EL UhuRed
2 EL Uhudler-Essig
1 Knoblauchzehe gepresst
Traubenkernöl
Salz
Pfeffer

20 Min.

ZUBEREITUNG

1. Birnen schälen, in Spalten schneiden und mit Zitronensaft beträufeln.
2. Butter in einer Pfanne zerlassen und Birnenstücke darin langsam braten bis sie etwas Farbe angenommen haben. Vollrohrzucker dazugeben und Birnen darin karamellisieren; mit UhuRed verfeinern.
3. Einstweilen Gurke waschen und in dünne Scheiben schneiden; den Blauschimmelkäse ebenfalls in Scheiben oder Würfel schneiden.
4. Rote Zwiebel in Ringe schneiden und Gurke mit Zwiebel und Käse am Teller nett drapieren.
5. Die Zutaten für das Dressing gut vermischen und darübergießen.
6. Die noch warmen Birnen aus der Pfanne darauf legen. Dazu passt getoastetes Vollkornbrot.

TIPP

Mit einem Glas Süßwein genießen!

KÜRBIS MIT FETA

ZUTATEN

1 Hokkaido-Kürbis
Feta-Käse
Olivenöl
Ca. 250 ml Uhu-Traubensaft
3 EL Rosmarin gehackt
3 EL Kürbiskerne gehackt
Salz

ZUBEREITUNG

1. Hokkaido-Kürbis halbieren, entkernen und in ca. 1 cm. dicke Scheiben/Stücke schneiden.
2. Backblech mit Olivenöl bepinseln, die Kürbisstücke dicht nebeneinander reihen, salzen, Uhudler-Traubensaft dazu leeren und bei 200° C in das Backrohr schieben.
3. Nach ca. 20 Min. Bratzeit den geriebenen Feta darüber verteilen und noch einmal für ca. 10 Min. weiterbraten. Kürbis soll weich sein und Feta leicht braun. Mit Rosmarin und gehackten Kürbiskernen bestreut servieren. Entweder als Beilage zu Fleisch reichen oder einfach mit Weißbrot genießen.

20 Min. +
Kochzeit

TIPP

Ev. gehackte Kürbiskerne beim Servieren darüberstreuen!

KÄFERBOHNENSALAT

ZUTATEN

250 g Käferbohnen (Abtropfgewicht Dose, wenns schnell gehen soll)
1 Hand voll entkernte Uhudler-Trauben
1 weiße Zwiebel gewürfelt
3 EL Kürbiskerne gebraten und gehackt

MARINADE

3 EL Uhudler-Traubensaft
3 EL Kürbiskernöl
2 Knoblauchzehen gepresst
Salz
Pfeffer
Rosa Pfefferbeeren

15 Min.

ZUBEREITUNG

1. Käferbohnen mit Wasser abspülen, die Zwiebel schneiden, die Uhudler-Trauben und Kürbiskerne dazugeben.
2. Für die Marinade alle Zutaten vermengen und unter die Bohnenmasse rühren. Mit Salz und Pfeffer abschmecken.
3. Mit Pfefferbeeren dekoriert servieren.

NUDELSALAT MIT UHUDLER-TRAUBEN UND THUNFISCH

ZUTATEN

100 g Vollkorn-Farfalle
1 Dose Thunfisch naturell (Abtropfgewicht 150 g)
1 Zwiebel gewürfelt
3 EL schwarze Oliven gehackt
1 Hand voll Uhudler-Trauben entkernt

MARINADE

3 EL Uhudler-Essig
2 EL Honig
Etwas Wasser
1 Knoblauchzehe gepresst
Einige EL Petersilie gehackt

15 Min. + Kochzeit

ZUBEREITUNG

1. Farfalle kochen und abseihen;
2. Thunfisch abgießen und zerdrücken.
3. Alles vermischen und die Marinade unterrühren.

Mit Petersilie bestreuen und mit einer getoasteten Scheibe Vollkornbrot servieren.

Ziegenkäse trifft Uhugelee und Avocado

Zutaten

Avocadocreme
2 reife Avocados
Saft einer Limette
2 Prisen Salz
1 Prise Chili
1 EL Ingwer
1 Zehe Knoblauch gepresst
1 TL Apfelessig

Ziegenkäsemousse
2 EL Ziegenjoghurt
100 g Ziegentopfen (alternativ abgetropfter Kuhmilchtopfen und Joghurt für cremigere Konsistenz)
75 g Crème Fraiche
1 Knoblauchzehe gepresst
1 TL Zitrone
Je nach Geschmack Koriander gemahlen, Muskatnuss gemahlen, Kreuzkümmel
Ahornsirup
Salz

On Top
60 g UhuGelee
Wenn nötig 3 Blatt Bio-Gelatine
2 TL Ingwer gerieben
Pfeffer
Garnieren mit Zitronenthymian oder Kresse und buntem Pfeffer

20 Min. + Kühlzeit

Zubereitung

Wir stellen drei Saucen/Cremen her.

1. Für die Avocado-Creme Avocados schälen, Kern entfernen und Fruchtfleisch mit der Gabel zerdrücken. Limettensaft, Salz, Chilipulver, Ingwer und Apfelessig unter die Masse rühren.
2. Ziegenkäsemousse: Ziegenfrischkäse oder Ziegentopfen, Crème Fraiche, Knoblauch, Koriander, Muskatnuss frisch gemahlen, Kreuzkümmel und Zitrone vermischen.
3. On Top: Uhudlergelee, Ingwer, Zitrone vermischen, mit Pfeffer abschmecken.
4. Die drei Cremen, beginnend mit der Avocadocreme, gefolgt vom Ziegenkäsemousse und On Top das UhuGelee in ein Glas schichten, kalt stellen und einige Stunden später als Vorspeise oder Zwischengang servieren! Deko: Thymian/Kresse, bunter Pfeffer.

UHUDLER-KATERFRÜHSTÜCK

ZUTATEN

DRINK 1
100 ml Traubensaft, idealerweise frisch gepresst
100 ml Magerjoghurt
1 EL Ahornsirup

DRINK 2
200 ml Traubensaft, idealerweise frisch gepresst
100 ml Tomatensaft
Tabasco nach Geschmack
1 TL Salz
gemahlener Koriander
Dill gehackt

HERINGSFILET

20 Min.

ZUBEREITUNG

1. Drink 1: Traubensaft und Joghurt im Mixer schaumig aufschlagen. Mit Ahornsirup abschmecken und in Gläser füllen.
2. Drink 2: alle Zutaten vermischen.
3. Heringsfilet und Drinks gschmackig anrichten und genießen! Wirkung garantiert!

UHUDLER-SÜPPCHEN

ZUTATEN

4 Schalotten gewürfelt
Butter
1 Knoblauchzehe gehackt
2 EL Vollrohrzucker grobkörnig
1 Stange Zitronengras zerdrückt
400 ml Uhudler
2 EL Schlagobers

15 Min. + Kochzeit

ZUBEREITUNG

1. Butter in einem Topf zerlassen, Zwiebel darin glasig braten, Knoblauch dazugeben, mit Vollrohrzucker karamellisieren, Zitronengras zufügen, mit Uhudler aufgießen und für ca. 15 Min. köcheln lassen.
2. Zitronengras entfernen und die Suppe mit dem Pürierstab pürieren; das Schlagobers dazuleeren und nochmals kurz aufschlagen.
3. Schnell servieren und schmecken lassen!

NUDELREZEPT FÜR TEIGTASCHERL

ZUTATEN

325 g Dinkelmehl
(Alternativ: 300 g Weizenmehl)
3 große Eier
Salz

Rezept für ca. 40 Teigtascherl

Teig: ca. 20 Min. per Hand oder die Küchenmaschine macht's + Rastzeit + Zeit an Nudelmaschine ca. 20 Min. + ev. füllen + Kochzeit

ZUBEREITUNG

1. Zutaten kneten bis der Teig geschmeidig glänzt und 1 Std. rasten lassen. 1 mm dick ausrollen oder einige Male durch die Nudelmaschine lassen und in Quadrate schneiden;
2. Auf jedes Quadrat 1TL Fülle geben, die Ränder mit Wasser anfeuchten, zu einem Rechteck einklappen, mit einer Gabel andrücken, damit die Fülle nicht herausquellen kann! Man kann aber aus dem Teig auch z.B. Bandnudeln herstellen und mit einer Sauce servieren.
3. Genug Wasser in einem ausreichend großen Topf zum Kochen bringen. Sobald es sprudelt, 2 TL Salz in den Topf geben und die Nudeln sofort hinein geben, Hitze etwas runterschalten und im offenen Topf kochen lassen bis sie an der Oberfläche schwimmen. Ab und zu gut durchrühren, damit die Nudeln nicht aneinander oder am Topfboden kleben.

TEIGTASCHERL MIT KÜRBISFÜLLE

ZUTATEN

300 g Kürbis gewürfelt
2 EL Butter
4 Frühlingszwiebeln gehackt
1 EL Ingwer gerieben
1 TL Knoblauch gepresst
2 EL Vollrohrzucker grobkörnig
Saft einer gepressten Orange
5 EL Uhudler
1 EL Kokosraspeln
1-2 EL UhuRed
Salz, Pfeffer
Pinienkerne
Butter
Ev. gehackter Rosmarin

30 Min. +
Füll- und Kochzeit

ZUBEREITUNG

1. Frühlingszwiebel und Ingwer in Butter anschwitzen, dann Kürbis und Knoblauch dazugeben und mitbraten; Vollrohrzucker darüber streuen und Masse schmoren lassen bis Kürbis weich ist.
2. Mit Orangensaft und Uhudler ablöschen und noch einige Minuten köcheln lassen bis Flüssigkeit sich reduziert hat. UhuRed und Kokosraspeln beimengen, mit Salz und Pfeffer abschmecken!
3. Auf jedes Teigquadrat - je nach Größe - ca. einen TL dieser Masse setzen - Ränder mit Wasser einpinseln, die Tascherl zusammenklappen und mit einer Gabel rundherum andrücken, damit Fülle nicht herausquellen kann. In einem großen Topf Wasser und Salz zum Kochen bringen, die Teigtaschen einlegen und im eher leicht wallenden Wasser, NICHT im kochenden Wasser - ziehen lassen bis sie an der Wasseroberfläche schwimmen.
4. Mit einem Schaumlöffel vorsichtig aus dem Wasser heben, abtropfen lassen, auf einem Teller mit heißer Butter und gehackten Pinienkernen und ev. gehacktem Rosmarin bestreut servieren.

TIPP

Sollte Fülle übrig bleiben, mit Suppe aufgießen, aufkochen lassen, pürieren und als Kürbissuppe genießen.

TEIGTASCHEN MIT BLAUKRAUTFÜLLE

ZUTATEN

300 g Blaukraut
250 g Maroni vorgekocht oder gebraten und geschält
1 EL Zitronensaft
1 Schuss Uhudler-Essig
2 EL Rapsöl
2 EL Vollrohrzucker grobkörnig
1 Apfel
Ca. 250 ml Uhudler
2 Prisen Kreuzkümmel
Saft von 1/2 Limette
1/2 TL Zitronengras geraspelt
1 TL Ahornsirup
1 TL Dijon-Senf
1/2 TL Rosmarin
1 Knoblauchzehe gepresst
Butter
ev. Pinienkerne

35 Min. + Füll- und Kochzeit

ZUBEREITUNG

1. Blaukraut vom Strunk befreien und sehr klein schneiden oder auch hacken, Maroni würfeln. Beide Zutaten mit Zitronensaft und Uhudler-Essig gut durchmischen und ca. 15 Min. ziehen lassen.
2. Rapsöl in der Pfanne heiß werden lassen, den Vollrohrzucker karamellisieren, die Blaukrautmischung und den geschälten, geriebenen Apfel dazugeben, mit dem Uhudler aufgießen.
3. Die Masse mit den restlichen Zutaten abschmecken und solange schmoren lassen bis Blaukraut die gewünschte, noch knackige Konsistenz bekommt. Abschmecken.
4. Die Teigtascherl mit der Blaukrautfülle füllen, kochen und servieren - wie im vorherigen Rezept beschrieben!

TIPP 1

Feta würfeln und in eine gebutterte Auflaufform geben, mit Olivenöl und gehacktem Rosmarin im Backrohr backen bis Käse leicht schmilzt - gemeinsam mit den Teigtascherln servieren.

TIPP 2

In die Blaukrautmasse würde natürlich Salamibrät oder Blunzn sehr gut passen - einfach mitbraten! Für unsere Veggies schlagen wir die Kombination mit Zwiebel und Sojawürferl vor!

DINKEL-MOHN-TAGLIATELLE MIT BIRNEN-GORGONZOLA-SAUCERL

ZUTATEN

Für die Herstellung der Tagliatelle den Nudelteig (Seite 74) mit 35 g Mohn gemahlen verkneten.

SAUCE

1 rote Zwiebel gewürfelt
2 Birnen geschält, gehackt
2 EL Butter
1 EL Vollrohrzucker grobkörnig
Saft und Zesten einer Zitrone
Uhudler
50 g Pekannüsse gehackt
80 g Gorgonzola gewürfelt
80 g Roquefort gewürfelt
Zitronenpfeffer
1 Hand voll Rucola
Petersilie gehackt

20 Min. + Kochzeit + Herstellung Nudeln

ZUBEREITUNG

1. Nudelteig wie im Rezept beschrieben herstellen und Tagliatelle mit Hilfe der Nudelmaschine produzieren. Alternativ kann man den Nudelteig auch dünn auswalken und in schmale Streifen schneiden; diese dann bis zur Weiterverwendung oder zum Trocknen über einen Besenstiel hängen!
2. Für die Sauce den Zwiebel und die Birnen in Butter anbraten, Vollrohrzucker dazugeben und noch einmal einige Minuten braten lassen, Saft und Schale einer Zitrone zufügen und die Masse nochmals etwas einkochen lassen.
3. Mit Uhudler ablöschen; gehackte Pekannüsse, Gorgonzola und Roquefort beimengen, mit Zitronenpfeffer abschmecken.
4. Gehackten Rucola unterheben, Teller mit Petersilie garnieren und die Sauce mit den gekochten Mohn-Tagliatelle servieren!

DIE BLAUE ELSE ÜBERBACKEN

ZUTATEN

Einige blaue Erdäpfel (z.B. Blaue Else)
3 rote Zwiebeln gewürfelt
100 g Speck gewürfelt
Einige Parasol-Pilze oder andere Schwammerl
3 EL Butter
3 EL Olivenöl
1 Hand voll Zitronenthymian frisch aus dem Garten oder
1 EL getrockneter Thymian
Ca. 150 g Blauschimmelkäse gewürfelt
Ca. 3 EL Uhudler-Traubensaft
1 Hand voll Kürbiskerne

25 Min. + Koch- und Bratzeit

ZUBEREITUNG

1. Zwiebel gemeinsam mit Speck, geschnittenen Pilzen und Thymian im Butter-Olivenöl-Gemisch langsam schmoren.
2. Erdäpfel kochen, wer möchte auch schälen, in eine Auflaufform geben und je nach Größe halbieren oder vierteln.
3. Die Zwiebel-Speck-Pilz-Mischung darüberleeren, Blauschimmelkäse darauf verteilen und im Rohr bei ca. 200° C überbacken.
4. Uhudler-Traubensaft vorsichtig angießen und weitergratinieren bis die Oberfläche leicht gebräunt ist.
5. Kürbiskerne in einer Pfanne anbraten, hacken und beim Servieren über das Gericht streuen.

Teriyaki und Uhudler

Zutaten

2 EL Olivenöl
2 EL Knoblauch gehackt
3 EL Ingwer gehackt
3+2 EL Sake
2+3 EL Uhudler
3 EL Vollrohrzucker grobkörnig
1 EL Uhudler-Essig

UhuRed
400 g Schweinslungenbraten
oder Rindslungenbraten/Beiried

Zubereitung

1. Knoblauch und Ingwer im Olivenöl anbraten, Vollrohrzucker dazugeben und mitbraten; mit Essig ablöschen und mit Sake und Uhudler aufgießen. Einige Min. reduzieren lassen, abermals mit 2 EL Sake und 3 EL Uhudler aufgießen und noch einmal reduzieren lassen, mit Soja-Sauce und UhuRed abschmecken.
2. Fleisch in dünne Streifen schneiden, eine Platte damit auslegen und mit Teriyaki-Sauce bepinseln, für mindestens 2 Std. kalt stellen.
3. Nach der Marinierzeit in Olivenöl scharf anbraten. Dazu passt Kräuterball (Seite 25), Reis oder Wokgemüse, Frühlingszwiebel-Sauce (Seite 21).

25 Min. +
Marinierzeit

Uhudler-Gulasch aus 1001 Nacht

Zutaten

400 g Fleisch für Gulasch (hier: Hirsch)
2 EL Olivenöl
1 EL Butter
3 Zwiebeln gewürfelt
2 Karotten
1 EL Tomatenmark
2 EL UhuRed
500 ml Uhudler-Traubensaft
300 ml Wasser
Je 1 TL Kümmel, Garam Masala, Koriander gemahlen
1 EL Minze (frisch, gehackt oder getrocknet)
2 EL Sesam
Muskatnuss
Wacholderbeeren
2 Lorbeerblätter
250 g Kichererbsen
50 g Linsen
250 g Uhudler-Trauben (entkernt)
Datteln & Feigen nach Geschmack
1 EL Paprikapulver
50 g Pistazien
1 EL Salz
2 Stück Schokolade

20 Min. + Schmorzeit

Zubereitung

1. Zwiebeln in Butter-Olivenöl-Gemisch langsam glasig rösten, Karotten in Scheiben schneiden und dazugeben.
2. Hitze erhöhen und die Fleischwürfel darin scharf mit anbraten. Tomatenmark einrühren, mit UhuRed ablöschen.
3. Mit Uhudler-Traubensaft und Wasser aufgießen, Gewürze und Salz zufügen und alles zusammen 100-120 Min. mit geschlossenem Deckel leise schmoren lassen.
4. Nach ca. 100 Min. die entkernten Trauben, evtl. andere Früchte und Schokolade zufügen und weiter schmoren.
5. Nach der Garzeit abschmecken, evtl. nachwürzen und mit Sesam dekoriert servieren.

Tipp

Sojagranulat statt Fleisch.

GEKOCHTES RIND MIT KRAUTSALAT UND QUITTENMUS

ZUTATEN

Rindfleisch zum Kochen
Zwiebel halbiert
Etwas Sonnenblumenöl
Suppengemüse
Lorbeerblatt
Salz, Pfeffer ganz
Wacholderbeeren
Liebstöckel

QUITTENMUS

1,5 kg Quitten geschält/entkernt/geschnitten
300 ml Uhudler-Traubensaft
Saft einer Zitrone
100 ml UhuRed
200 g Gelierzucker 3:1
25 g Gelierfix 2:1

60 Min. + Kochzeit

KRAUT

300 g Braunschweiger-Kraut
3 EL geröstete, gehackte Kürbiskerne
Salz, Pfeffer

MARINADE

3 EL Uhudler-Essig
Je 1 EL Honig und Vollrohrzucker grobkörnig
Je 2 EL Kürbiskernöl & UhuRed
frisch geriebener Kren

ZUBEREITUNG

1. In einem großen Topf etwas Sonnenblumenöl heiß werden lassen und die beiden Zwiebelhälften anbraten; Fleisch und die restlichen Zutaten dazugeben, mit Wasser aufgießen bis das Fleisch bedeckt ist und 1-2 Std. je nach Fleischgröße kochen lassen.
2. Quittenstücke in einem Topf mit Zitronensaft beträufeln, mit Traubensaft aufgießen und weich kochen. Mit einer Gabel zerdrücken, den UhuRed angießen, den Gelierzucker und das Gelierfix einrühren und nocheinmal aufkochen lassen.
3. Das Kraut schneiden, salzen, pfeffern, die Kürbiskerne dazugeben.
4. Die Zutaten für die Marinade vermischen und über das Kraut leeren.
5. Das Rindfleich mit dem Kraut und dem warmen oder auch kalten Quittenmus servieren, ev. etwas frischen Kren darüberreiben.

TIPP

Das restliche Quittenmus in Marmeladengläser füllen und im Kühlschrank aufbewahren. Schmeckt auch auf ein Butterbrot oder in ein Joghurt gerührt!

POLENTA-AUFLAUF MIT LAMMFASCHIERTEM

ZUTATEN

1 l Wasser
300 g Maisgrieß (Instant)
Salz
Muskatnuss
1 kg Lammfaschiertes
3 Zwiebeln gehackt
2 EL Thymian
1 EL Majoran
4 Knoblauchzehen gepresst
2 EL gehackte Kapern
Salz
Pfeffer
500 ml Uhudler-Traubensaft
5 EL Tomatenmark
200 ml Tomatensaft
200 ml UhuRed
Butterschmalz
Ca. 200 g geriebener Parmesan

45 Min. + Backzeit

ZUBEREITUNG

1. Wasser kochen, salzen und Maisgrieß einrieseln lassen. Unter ständigem Rühren köcheln und eindicken lassen.
2. Masse auf ein Holzbrett streichen - ca. 3 cm hoch, 10 cm breit - und auskühlen lassen.
3. Faschiertes und Zwiebel in Olivenöl gut anbraten, Knoblauch, Kapern und Gewürze dazugeben, gut vermischen, Tomatenmark einrühren und mit Uhudler-Traubensaft, Tomatensaft und UhuRed aufgießen. Das Faschierte für weitere 15 Min. braten lassen.
4. Die erkaltete und feste Polenta in ca. 0,5 cm dicke Schnitten schneiden und in Butterschmalz knusprig braten.
5. Eine Auflaufform (23 x 28 cm oder kleiner) einfetten, den Boden mit den Polentaschnitten locker belegen, mit Parmesan bestreuen und mit Faschiertem abdecken. In dieser Reihenfolge weiter machen - oberste Schicht ist Polenta mit Parmesan.
6. Bei 180° C ca. 30 Min. goldbraun backen. Vor dem Anschneiden unbedingt 10 Min. bei Zimmertemperatur rasten lassen.

VEGI-TIPP

Sojagranulat statt Faschiertem.

GRÜNKERN-FENCHEL-KAROTTEN-LAIBCHEN MIT DILLSAUCE

ZUTATEN

100 g Grünkern ganz
1/2 Uhudler-Traubensaft
1/2 Gemüsesuppe
Je 1 Hand klein geschnittener Fenchel und gerissene Karotten
125 g Topfen
2 Eier
Ca. 4 EL Mandeln gemahlen
Salz, Pfeffer

DILLSAUCE

1 Schalotte gewürfelt, Butter
Dinkelmehl
2 Schöpfer Suppe
Apfelessig
1-2 Hände voll Dill gehackt
Crème Fraiche
Salz, Pfeffer
Etwas Vollrohrzucker
2 EL UhuRed

KÜRBISGEMÜSE

750 g Kürbis gewürfelt
3 Zwiebel gehackt
Olivenöl
4 EL Vollrohrzucker
200 ml Traubensaft
2-3 EL frisch geriebener Ingwer
1 EL frischer Salbei klein geschnitten
1 TL Zitronensaft zum Abschmecken

60 Min. + Einweich- und Bratzeit

ZUBEREITUNG

1. Grünkerne über Nacht einweichen
2. In Uhudler-Traubensaft und Gemüsesuppe kochen. Karotten und Fenchel dazu geben, Topfen, Eier und Mandeln zufügen, anziehen lassen, abschmecken.
3. Laibchen formen und in Butter-Olivenöl-Gemisch braten.
4. Dillsauce: Schalotte in Butter anbraten, stauben, mit Suppe und Essig aufgießen, Dill dazu, Crème Fraiche, Salz und Pfeffer, UhuRed dazu geben und mit etwas mit Vollrohrzucker süßen.

Schnelles Lamm mit Kapern-Zwiebel-Paprika-Salsa und Gemüse der Saison

Zutaten

Etwas Olivenöl
3 Zwiebeln gewürfelt
2 Knoblauchzehen gepresst
4 EL Kapern klein
1 gelber Paprika gewürfelt
3 EL UhuRed
Salz
1-2 TL Dijon-Senf
Spritzer Worcester-Sauce
Pfeffer
Zitronensaft
Lammrücken
Dijon-Senf
Butter-Olivenöl-Gemisch
UhuRed

Gemüse

Diverse Gemüsesorten
Zwiebel
Butter-Olivenöl-Gemisch-
Curry
Kreuzkümmel
Muskatnuss
Pfeffer
Oregano
UhuRed

40 Min. + Bratzeit

Zubereitung

1. Zwiebel in Olivenöl anrösten, Knoblauch, Kapern und Paprika dazugeben, gut durchmischen und mit UhuRed ablöschen, ca. 10 Min. auf niedrigster Stufe schmoren lassen.
2. Kurz vor dem Servieren mit Salz, Dijon-Senf, Worcester Sauce, Pfeffer und Zitronensaft abschmecken.
3. Lammstücke beidseitig mit Dijon-Senf bestreichen, in Butter-Olivenöl-Gemisch anbraten. Fleisch aus der Pfanne nehmen und in Alufolie rasten lassen.
4. Pfannenrückstand mit Uhu-Red aufgießen, 1 TL Dijon-Senf einrühren.
5. Gemüse: diverse Gemüsesorten z.B. Brokkoli, Zucchini, Fenchel, rote Zwiebelringe, rote Paprikaringe in Butter-Olivenöl-Gemisch anbraten bis Gemüse leicht Farbe angenommen hat; mit Curry, Kreuzkümmel, Muskatnuss, Pfeffer und Oregano würzen; mit UhuRed aufgießen; kurz ziehen lassen.
6. Fleisch mit der Sauce beträufeln und mit Gemüse servieren.

Tipp

Das Gemüse dient hier als Beilage, kann aber auch mit Reis/Nudeln als Hauptgericht gereicht werden.

RICOTTA-TARTE

ZUTATEN

MÜRBTEIG
100 g Dinkelmehl
200 g Weizenmehl
150 g Butter
100 g Zucker
1 EL kaltes Wasser
1 Dotter
1 Prise Salz

FÜLLE
250 g Ricotta
1 Packerl Vanillezucker
1/2 Limette
2 Eier
1 Becher Sauerrahm
4 EL UhuRed
Schale und Saft von 1/2 Zitrone
Ev. Früchte (auch tiefgefroren) und Zucker für einen Fruchtspiegel

30 Min. +
Rast- und Backzeit

ZUBEREITUNG

1. Alle Zutaten für den Mürbteig miteinander verkneten und rasten lassen.
2. Teig auswalken, eine Tarteform damit auslegen, mit einer Gabel den Teig mehrmals einstechen und im vorgeheizten Backrohr bei 200° C 3-5 Minuten vorbacken.
3. Die Fülle aus den angegeben Zutaten herstellen und auf dem vorgebackenen Teig verteilen. Die Tarte bei 180° C goldbraun backen bis sie glänzt!
4. Diverse Fruchtspiegel passen sehr gut dazu!

UN'ALTRA PANNA COTTA

ZUTATEN

250 ml Schlagobers
50 g Vollrohrzucker grobkörnig
3 Vanilleschoten (aufgeschlizt und in wenig Uhudler 1 Stunde mariniert)
Uhudler
8 Limettenblätter
2 Stangen Zitronengras zerdrückt
1 1/2 Packerl Agartine (pflanzliches Geliermittel)
1 Schuss Galliano (Likör mit Vanillegeschmack)
Saft einer 1/2 Limette

FÜR DAS PESTO

1 Hand voll Minze
(wir lieben die Schoko-Minze)
5 EL UhuGelee
1 Schuss vom Einweich-Uhudler

20 Min.

ZUBEREITUNG

1. Schlagobers, Vollrohrzucker, Vanilleschoten, Limettenblätter und Zitronengras in einem Topf aufkochen lassen, Agartine einrühren, einen Schuss Galliano und Limettensaft hinzufügen, umrühren und vom Herd wegziehen.
2. Panna Cotta in Gläser abfüllen und erkalten lassen; für das Pesto die genannten Zutaten vermischen, pürieren und on top über erkaltetes Panna Cotta gießen!

KÜRBIS-SCHOKOLADEKUCHEN

ZUTATEN

Ca. 400 g Kürbis (z.B. Langer von Neapel) in ca. 1 cm große Würfel geschnitten
Butter
2 TL Cardamom
125 ml Uhudler-Traubensaft
250 g Butter
250 g Staubzucker
6 Eier
100 g Brösel
120 g Schokolade gerieben
200 g Haselnüsse gerieben
1 Schuss Rum

25 Min. + Backzeit

ZUBEREITUNG

1. Kürbiswürfel in Butter von allen Seiten gut anbraten und mit dem Cardamom gut vermischen; dann mit Uhudler-Traubensaft aufgießen und solange köcheln lassen bis die Flüssigkeit verdampft ist.
2. Aus 6 Eiklar einen festen Schnee schlagen; aus Butter, Staubzucker und Dotter eine cremige Masse schlagen, dann mit Bröseln, Schokolade, Haselnüssen und Rum vermischen.
3. Schnee unter die Masse heben und in eine gebutterte Tortenform leeren.
4. Kürbiswürfel darauf verteilen und den Kuchen für ca. 1 Std. bei 180° C backen.

TRAUBENBROT

ZUTATEN

TEIG
300 g Roggenmehl
700 g Dinkelmehl
2 Packerl Trocken-Germ
30 g Sauerteig (Packerl)
2 gehäufte TL Salz
750 ml handwarmes Wasser

ZUM EINARBEITEN
3 Zwiebeln gehackt
1 EL schwarze Oliven gehackt,
1 EL Rosmarin gehackt
5 EL Walnusskerne gehackt
1 Hand voll entkernte Uhudler-Trauben
100 ml UhuRed

20 Min. + Rast- und Backzeit

ZUBEREITUNG

1. Zutaten für den Teig - bis auf das Wasser - gut vermischen und dann das Wasser einarbeiten. Teig ca. 2 Std. an einem warmen Ort rasten lassen.
2. Zwiebel, Oliven, Rosmarin und Nüsse in Butter-Olivenöl-Gemisch langsam schmoren und mit Uhu-Red aufgießen. Noch einige Min. köcheln und dann die Masse abkühlen lassen.
3. Den Teig mit der Zwiebelmasse und den Trauben vermischen, nachsalzen.
4. Laibchen formen und bei 180° C ca. 80 Min. backen (Schale mit Wasser in das Backrohr stellen).

GEFÜLLTE FEIGEN

ZUTATEN

3 EL Pinienkerne
100 g Feta-Käse
1 EL Rosmarin gehackt
2-3 EL griechisches Joghurt
6-8 Feigen
Butter
Honig
1 EL Rosmarin gehackt
UhuSchok

ZUBEREITUNG

1. Pinienkerne anrösten, danach hacken, mit zerdrücktem Feta und zerkleinerten Rosmarin vermengen.
2. Die Masse mit etwas griechischem Joghurt vermischen - sorgt für cremige Konsistenz.
3. Feigen kurz in zerlassener Butter schwenken.
4. Zum Servieren die Spitzen der Feigen ‚anvierteln' und Feta-Creme einfüllen.
5. Honig in Butter erwärmen, darübergießen und mit Rosmarin und UhuSchok garnieren.

25 Min.

MIT PROSCIUTTO UMGARNTE MARONI

ZUTATEN

UHUDLERSPIEGEL
Rezept auf Seite 112

FÜLLE
60 g Maroni gebraten
oder vorgekocht, gehackt
4 EL Topfen
Salz
Pfeffer
2 EL Zitronenthymian
Olivenöl

25 Min. +
Herstellung
Uhudlerspiegel

ZUBEREITUNG

1. Maroni, Topfen und Gewürze vermengen, zu Kugeln formen und in Uhudler-Spiegel einwickeln.
2. Mit Prosciutto umwickeln.
3. In Öl herausbraten, mit Pfeffer betreuen.

Schmeckt super zum Aperitif.

TIPP

Maroni sind vorgekocht und abgepackt erhältlich, was die Zubereitung der Maroni-Rezepte enorm erleichtert.

PROFITEROLES GEFÜLLT MIT UHUDLER-PUDDING

ZUTATEN

BRANDTEIG
6 dag Mehl
6 dag Butter
2 Eier
1/16 l gewässerte Milch

FÜLLUNG
250 ml Uhudler-Traubensaft
1-2 EL Zucker
1/2 Packerl Pudding mit Vanillegeschmack

30 Min. + Backzeit

ZUBEREITUNG

1. 5 EL Uhudler-Traubensaft mit Zucker und Puddingpulver verrühren, den restlichen Traubensaft zum Kochen bringen, das angerührte Puddingpulver einrühren, noch einmal unter ständigem Rühren aufkochen und dann abkühlen lassen.
2. Für den Brandteig die gewässerte Milch mit Butter zum Kochen bringen. Mehl rasch einrieseln lassen und bei niedriger Temperatur so lange rühren bis sich der Teig als Klumpen vom Boden löst.
3. Die Masse erkalten lassen und Eier einrühren.
4. Mit einem Teelöffel kleine Häufchen auf ein, mit Backpapier ausgelegtes Backblech setzen. Bei 200° C ca. 20 Min. backen; ev. die Temperatur nach halber Backzeit reduzieren. Auskühlen lassen.
5. Schlagobers schlagen und mit dem Pudding vermischen.
6. Profiteroles in der Mitte auseinander schneiden, füllen und mit Staubzucker bestreuen oder mit Schokolade glasieren. Unbedingt am selben Tag verzehren (werden sonst zäh). Masse reicht für ca. 20 Stück.

Trauben-Preiselbeer-Birnen-Crumble

Zutaten

1 Hand voll Uhudler-Trauben entkernt
1 Birne
1 Hand voll Preiselbeeren
200 g Mehl
100 g Vollrohrzucker grobkörnig
100 g Butter
Sauerrahm
UhuSchok

20 Min. + Backzeit

Zubereitung

1. Tarteform mit Butter einfetten. Trauben, Preiselbeeren und kleingeschnittene Birne auf dem Boden verteilen, etwas Zitrone darüberträufeln und mit 2 EL Zucker bestreuen.
2. Für den Teig Mehl, restlichen Zucker und Butter nur miteinander verbröseln und über die Fruchtmasse verteilen.
3. Bei 180° C ca. 40 Min. im Backofen backen bis Oberfläche leicht braun ist.
4. Nach dem Backvorgang etwas abkühlen lassen, mit einem großen Löffel Portionen auf Dessertteller verteilen und mit einem Klecks Sauerrahm servieren.
5. UhuSchok dazu reichen.

Tipp

Schmeckt mit allen anderen Früchten ebenso gut!

ENERGIE-RIEGEL

ZUTATEN

1 Hand voll Uhudler-Trauben entkernt
2 Bananen zerdrückt
3 EL Honig
2 Hände voll Haferflocken
1 EL Leinsamen
1 EL Sesam
Nüsse gehackt (Restlverwertung)
1 EL UhuRed

ZUBEREITUNG

1. Alle Zutaten vermischen.
2. Ein Backblech mit Backpapier auslegen und die Masse gleichmäßig, ca. 5 mm dick, daraufstreichen.
3. Bei 120° C für 1 Std. ab ins Backrohr.
4. Erkalten lassen und in die gewünschte Größe schneiden. Ideal für Jause, Sport und Zwischendurch.

20 Min. + Backzeit

TIPP

Die Riegel geben Kraft für die Schule. Am Besten gemeinsam mit den Kindern machen :-)

AVOCADO-LASSI

ZUTATEN

2 Avocados
750 g GAZI Joghurt (türkisches Joghurt)
Schale und Saft einer Limette
1 EL Ingwer gerieben
Pfeffer
2 EL Koriander
UhuGelee
2 Messerspitzen Kreuzkümmel gemahlen

ZUBEREITUNG

1. Avocados schälen, halbieren, entkernen, grob zerkleinern und in ein hohes Gefäß geben. Limettensaft und GAZI Joghurt beifügen, mit den Gewürzen vermischen und mit einem Stabmixer pürieren.
2. Je nach Geschmack mit Mineralwasser verdünnen; in Gläser abfüllen.
3. Mit 1-2 TL Uhudlergelee und etwas Koriander verzieren!

10 Min.

SOMMER-TIPP

Statt Avocado kann man auch Gurke und Knoblauch, Limettensaft und Honig, rote Rüben, Preiselbeeren, Granatapfel, Wassermelone, Zuckermelone (mit Kürbiskernöl) verwenden.

ROTER RÜBEN-AUFSTRICH

ZUTATEN

400 g gekochte rote Rüben
150 g Ziegenfrischkäse (Chavroux) oder Ziegentopfen
1,5 EL geriebener Kren
3 EL UhuGelee
Salz
Pfeffer
Thymian zur Dekoration

ZUBEREITUNG

1. Alle Zutaten vermischen und mit dem Stabmixer pürieren. Schmeckt besonders gut auf Walnussbrot.
2. Mit Thymian bestreut servieren!

5 Min.

ROTE RÜBEN TREFFEN MOZZARELLA

ZUTATEN

2 mittel große, gekochte rote Rüben
Ca. 5 EL UhuRed
Fleur de Sel
Ca. 200 g Mozzarella
3 EL Olivenöl
Kräutersalz
1 Becher Sauerrahm
3 EL Joghurt cremig
Schale einer Zitrone
3 EL Zitronensaft
3 EL Olivenöl
frischen Thymian und Majoran
Salz, Pfeffer
Chili

25 Min. + Kühlzeit

ZUBEREITUNG

1. Rote Rüben in nicht zu dicke Scheiben schneiden und auf einem größeren Teller oder einer Platte dicht nebeneinander auflegen.
2. UhuRed darüber träufeln, mit etwas Fleur de Sel bestreuen.
3. Mozzarella ebenfalls in Scheiben schneiden und mit etwas Olivenöl und Kräutersalz marinieren.
4. Sauerrahm und Joghurt vermischen und den Mozzarella damit bestreichen.
5. Die Zitronenzesten darüber verteilen; den Zitronensaft und das Öl darüberträufeln.
6. Mit den Kräuterblättchen verzieren und mit Chili und Salz würzen.
7. Ab geht's in den Kühlschrank - für mindestens 1 Stunde - kann auch einige Stunden vor dem Verzehr zubereitet werden.

SALAT MIT SPECK VOM MANGALITZA-SCHWEIN UND GRANATAPFEL

ZUTATEN

Salat der Saison

MARINADE
2 EL Uhudler-Essig
1 TL Honig
1 Knoblauchzehe gepresst
2 EL Granatapfelsaft (gepresst aus einer Hälfte des angegebenen Granatapfels)
1 EL UhuRed Traubenkernöl
Dünne Scheiben Speck vom Mangalitza-Schwein
100 g frischer Ziegenkäse
1 Granatapfel

25 Min.

ZUBEREITUNG

1. Salat waschen und zerpflücken.
2. Zutaten für die Marinade vermischen.
3. Eine Bratpfanne heiß werden lassen, Speckscheiben darin ohne Öl beidseitig braten bis sie sich zusammen ziehen und etwas braun werden. Aus der Pfanne nehmen und in Alufolie warm halten.
4. Salat mit Marinade vermischen.
5. Auf einem Teller anrichten, Speckstreifen und Ziegenkäse darüber verteilen.
6. Aus der zweiten Hälfte des Granatapfels die Kerne mit einem Teelöffel herausnehmen und einzeln über den Salat verteilen.

ZITRUSFRÜCHTE-SALAT

ZUTATEN

1 Grapefruit mit rosa Fruchtfleisch
1 Orange
1 weiße Zwiebel in Ringe geschnitten
2-3 Forellenfilets geräuchert
1 gehäufter EL Kapern

MARINADE

Pfeffer
Salz
4 EL Olivenöl
2 EL UhuGelee
1 Spritzer Zitrone
Pfeffer

20 Min. + Kühlzeit

ZUBEREITUNG

1. Für die Marinade alle Zutaten zu einer homogenen Masse vermengen.
2. Orange und Grapefruit filetieren und auf dem Boden einer Servierplatte nebeneinander verteilen.
3. Als nächste Schicht werden die zerteilten Forellenfilets aufgelegt, weiters die Zwiebel und die Kapern.
4. Die Marinade darüberträufeln und ca. 30 Min. im Kühlschrank ziehen lassen.

TIPP

Anstelle der Forellenfilets kann man auch gebratene oder geräucherte Entenbrust verwenden.

RETTICHSUPPE MIT UHUDLERWÜRFERL

ZUTATEN

GEMÜSESUPPE

Karotten
Porree
Gelbe Rüben
Sellerie
Petersilienwurzel
Knoblauchzehen
Lorbeerblätter
Wacholderbeeren
Kräuter aus dem Garten getrocknet oder tiefgefroren: Liebstöckel, Rosmarin, Thymian...
Pfeffer ganz

RETTICHSUPPE

3 Schalotten gewürfelt
8 große Champignons gewürfelt
Ca. 350 g Rettich (schwarz, rund)
Salz
Pfeffer
Gemüsesuppe
4 EL Obers
Muskatnuss
2 EL Ahornsirup

UHUDLERSPIEGEL

Rezept auf Seite 112

20 Min. + Kochzeit der Suppen

ZUBEREITUNG

1. Gemüsesuppe: In einem großen Topf Olivenöl heiß werden lassen und die halbierte Zwiebel mit der Schnittfläche nach unten anbraten lassen. Restliche Zutaten dazugeben, Wasser angießen und ca. 45 Min. kochen.
2. Rettich schälen und würfeln. Schalotten und Champignons in Butter anrösten, Rettich dazugeben, einige Minuten mitbraten, salzen, pfeffern und Gemüsesuppe angießen. Köcheln lassen bis Rettich weich ist.
3. Mit Obers, Muskatnuss und Ahornsirup abschmecken.
4. Pürieren - ev. kalte Butter unterrühren.
5. Uhudlerspiegel in kleine Würfel formen und in die Suppe einlegen.

KRENSUPPE MIT BLUNZN-RADLN IN BROTWECKERL

ZUTATEN

5 Schalotten gewürfelt
2 EL Butter
1 Schuss Noilly Prat (Wermut)
Gemüsesuppe oder ‚geselchte Suppe'
500 g Erdäpfel
4 Knoblauchzehen gepresst
Salz
1 Becher Sauerrahm
Ca. 3 EL UhuRed
Muskatnuss
Pfeffer
Zitronensaft
Kren gerieben
Blunzn (Blutwurst)
Majoran
Schnittlauch
Dunkle, feste Weckerl, die auch höher sind

30 Min. + Kochzeit

ZUBEREITUNG

1. Schalotten in heißer Butter hell anschwitzen, mit Noilly-Prat ablöschen und Suppe aufgießen.
2. Erdäpfel kleinwürfelig schneiden, Knoblauch und etwas Salz zugeben, mit Suppe angießen und 20-30 Min. kräftig einkochen lassen.
3. Sauerrahm mit etwas heißer Suppe glatt rühren und einmengen, aber nicht mehr kochen. UhuRed dazugeben, mit Muskatnuss, weißem Pfeffer sowie Zitronensaft abschmecken.
4. Geriebenen Kren einrühren und mit dem Stabmixer aufmixen.
5. Die ‚Blunzn' in 1/2 cm dicke Scheiben schneiden, beidseitig in Mehl wenden und in Butter braten bis sie knusprig und dunkelbraun sind.
6. Den oberen Teil der Weckerl kappen und weglegen; die Weckerl aushöhlen, Suppe reingießen, ‚Blunznradl' dekorativ dazugeben, mit Majoran und Schnittlauch bestreuen und den ‚Deckel' wieder halb darauflegen.

GLASIERTE FLEISCHBÄLLCHEN MIT GIGANTES

ZUTATEN

BÄLLCHEN

500 g Faschiertes
1 Ei
3 EL frischer Rosmarin fein gehackt
Salz
Pfeffer
1 EL Dijon-Senf
6 EL Hafermark
Ca. 6 EL UhuRed
Einige Rosmarin- und Thymianzweige
Einige Knoblauchzehen

BOHNENGERICHT

2 Zwiebeln gewürfelt
3 EL Olivenöl
100 ml Uhudler-Traubensaft
1 Schuss Prosecco
240 g Bohnen groß und weiß (aus der Dose)
500 g Tomatenfruchtfleisch in Stücken (fertig gekauft)
Ca. 20 Pimentkörner
1/2 TL Zimt
Chili
Ev. Honig
Griechisches Joghurt
Dill

40 Min. + Bratzeit

ZUBEREITUNG

1. Bällchen: Alle Zutaten außer UhuGelee gut vermischen und verkneten.
2. Kleine Bällchen formen und in Dinkelmehl wälzen.
3. In Olivenöl rundherum braten bis sie eine braune Farbe angenommen haben und durch sind; einige Rosmarin- und Thymianstängel und Knoblauchzehen mitbraten.
4. Nach dem Bratvorgang mit UhuRed aufgießen und die Bällchen darin schwenken und kurz braten lasssen.
5. Bohnen: Zwiebel in Olivenöl anrösten, mit Uhudler-Traubensaft und Prosecco ablöschen, Bohnen, Tomatenfleisch, Piment, Zimt, Chili dazugeben und ca. 15 Min. köcheln lassen, ev. mit Honig abschmecken.
6. Beim Servieren als Dekoration einen Klecks Joghurt und ev. Dill gehackt oben auf setzen.

VEGI-TIPP

Kichererbsen anstelle des Faschierten.

LINSEN-DAL

ZUTATEN

200 g Linsen
1 Schuss Apfelessig
1 Lorbeerblatt
1 große, weiße Zwiebel gewürfelt
3 Schalotten gewürfelt
3 Knoblauchzehen gehackt
2 daumengroße Ingwerstücke gerieben
2 EL Currypulver
100 ml Uhudler-Traubensaft
2 Zitonengrasstängel
6 Limettenblätter
1 Dose Kokosmilch
125 ml Gemüsesuppe
UhuGelee

10 Min. + Kochzeiten

ZUBEREITUNG

1. Linsen mit Apfelessig und Lorbeerblatt in Wasser weich kochen - das dauert ca. 20-30 Min.
2. Zwiebel, Schalotten, Knoblauch und Ingwer in Olivenöl anbraten, Curry dazugeben und gut vermischen; mit dem Uhudler-Traubensaft ablöschen.
3. Linsen, zerdrücktes Zitronengras, Limettenblätter, Kokosmilch und Gemüsesuppe dazugeben und köcheln lassen bis sich alle Zutaten schön verbunden haben und eine sämige Masse entstanden ist. Dies dauert ca. 25 Min.
4. Zitronengras und Limettenblätter entfernen und Linsen-Dal mit UhuGelee verziert servieren.

Reis passt sehr gut dazu!

TIPP 1

Unseren Linsen-Dal kann man gerne mit gebratenem Fleisch, Garnelen oder Tofu vermischt, servieren!

TIPP 2

Auf österreichisch: Speck mit Zwiebel und Knoblauch anbraten. Lorbeerblatt und frische Kräuter dazu. Linsen mit Essig ablöschen und mit Suppe aufgießen, Bohnenkraut und Liebstöckel dazu und mit einem Semmelknödel genießen!

SÜSSKARTOFFELMUS MIT GRÜNER CHILISAUCE

ZUTATEN

2 Zwiebeln gewürfelt
1 Bund Petersilie gehackt
2 EL Olivenöl
2 Süßkartoffel geschält und gewürfelt
2 Pastinaken gewürfelt
100 ml Uhudler
Muskatnuss gerieben
125 ml Gemüsesuppe Salz
Pfeffer

FÜR SAUCE
3 grüne Chilischoten fein gehackt
Schale und Saft einer Zitrone
1/2 TL Zucker
4 EL Olivenöl

15 Min. + Koch- und Bratzeit

ZUBEREITUNG

1. In einem Topf Zwiebel in Olivenöl glasig anbraten, Petersilie unterrühren, Süßkartofffeln, Pastinaken ebenfalls mitrösten und mit Uhudler ablöschen.
2. Suppe dazugeben, mit Muskatnuss, Salz und Pfeffer würzen und einkochen lassen.
3. Sobald die Süßkartoffeln weich gekocht sind, mit Stabmixer pürrieren, abschmecken und je nach Geschmack ev. verlängern mit Uhudler oder Suppe.
4. Für die Herstellung der Sauce alle Zutaten vermengen und über das Mus träufeln.

FASANENBRUST IN UHUDLERSAUCE MIT SELLERIEPÜREE

ZUTATEN

SELLERIEPÜREE

300 g Knollensellerie geschält und gewürfelt
1 Erdapfel geschält und gewürfelt
Milch (Gemüse sollte im Topf bedeckt sein)
Muskatnuss
Salz
2 EL Butter
2 EL Olivenöl
1 EL Butter
Rosmarin- und Thymianzweige
einige Knoblauchzehen

FASANENBRÜSTE

Pfeffer
Salz
1 Schuss Noilly Prat (Wermut)
2-3 EL UhuRed

20 Min. + Koch- und Bratzeit

ZUBEREITUNG

1. Sellerie und Erdapfel in einem Topf mit Milch, Salz und Muskatnuss kochen bis Gemüse weich ist.
2. Das Gemisch pürieren und mit Butter vermengen.
3. Olivenöl und Butter in einer Pfanne erhitzen. Knoblauch, Rosmarin und Thymian dazugeben.
4. Fasanenbrüste von beiden Seiten jeweils 1 Min. scharf anbraten, pfeffern und salzen und in einer hitzebständigen, gebutterten Pfanne oder Auflaufform bei 100° C ca. 15 Min. in den vorgeheizten Backofen geben.
5. Das Fleisch herausnehmen und in Alufolie einwickeln.
6. Den Bratenrückstand in die ursprüngliche Anbratpfanne gießen, mit Noilly Prat aufgießen und gut verrühren; salzen, einkochen lassen und mit UhuRed verfeinern!
7. Fasanenbrust in Scheiben schneiden, mit dem Safterl übergießen und gemeinsam mit dem Püree servieren.

REHSCHNITZEL IN HAGEBUTTENSAUCE

ZUTATEN

Rehschnitzel
Wildgewürz
Butter
Uhudler
Hagebuttengelee
Honig
Salz
Pfeffer
KALTE Butter
Tomaten halbiert
Thymianzweige
Salz

30 Min.

ZUBEREITUNG

1. Rehschnitzel beidseitig mit Wildgewürz einreiben und in Butter kurz, aber kräftig anbraten bis sie eine schöne, braune Farbe bekommen haben.
2. Das Fleisch aus der Pfanne nehmen und in Alufolie rasten lassen.
3. Den Bratenrückstand mit Uhudler ablöschen und etwas reduzieren lassen; Hagebuttengelee einrühren, den ausgetretenen Saft der Rehschnitzerl (in Alufolie) ebenfalls dazuleeren; mit Salz, Pfeffer, Honig abschmecken und mit der kalten Butter montieren.
4. Tomatenhälften und Thymianzweige in Butter anbraten, salzen und gemeinsam mit Reh servieren.

Als Beilage empfehlen wir Basilikumspaghetti mit Rucola-Uhudler-Pesto (Seite 38).

TIPP

Als alternative Beilage empfehlen wir kleine Semmelknöderl mit Dinkelmehl und gehackten Pinienkernen.

FISCHIGE KOHLROULADEN

ZUTATEN

6 Kohlblätter
60 g Risottoreis
1 TL Garam Masala
1/2 TL Salz
2 EL Olivenöl
1 EL Butter
250 g Forellenfilets (mit Haut)
80 g Porree
Ca. 10-12 Maroni vorgekocht und gehackt
4 Walnüsse gehackt
7 TL Zitronensaft
2 TL Zitronenzesten
Pfeffer
1 Prise Chili
4 TL Fischsauce (oder Worcester Sauce)
2 EL Olivenöl
1 EL Butter
Uhudler zum Übergießen
2 EL kalte Butter
Etwas Suppe zum Aufgießen
100 g Ziegenfrischkäse
UhuGelee zum Servieren

40 Min. + Koch- und Bratzeit

ZUBEREITUNG

1. Reis mit Garam Masala und Salz kochen.
2. Kohlblätter vom Strunk lösen, waschen, 5-7 Min. blanchieren und dann mit kaltem Wasser abschrecken (durch das Abschrecken bleibt die grüne Farbe erhalten); abtropfen lassen und mit Küchenpapier trocken tupfen.
3. Olivenöl und Butter in einer Pfanne erhitzen. Forellenfilet beidseitig anbraten; Fisch aus der Pfanne nehmen, das Fleisch von der Haut trennen, indem man es herunterschabt, und entgräten!
4. Porree klein schneiden, im Fett in der Anbratpfanne des Fisches anschwitzen. Fülle herstellen aus Maronistücken, Walnüssen, Porree, Fisch, Zitronensaft und -zesten. Masse würzen und in den Kohlblättern verteilen, diese einrollen und mit Zahnstochern fixieren.
5. Die Kohlrouladen in Butter-Olivenöl-Gemisch anbraten, in eine gebutterte Auflaufform geben und mit dem Uhudler übergießen. Butterflocken obenauf verteilen und im Backrohr bei 160° C ca. 45-60 Min. schmoren lassen. ACHTUNG: die Rouladen dürfen nicht zu braun werden, eventuell mit etwas Suppe aufgießen und öfters wenden.
6. Am Ende der Garzeit den Ziegenfrischkäse auf den Rouladen verteilen und noch einmal für 10 Min. ins Backrohr schieben, damit der Käse schmelzen kann!
7. Das UhuGelee wie ein Nest auf dem Teller verteilen und die Kohlroulade ganz oder auch halbiert daraufsetzen.

WILDSCHWEINRAGOUT IN UHUDLER MARINIERT

ZUTATEN

600 g Wildschweinfleisch

MARINADE
1 Stange Sellerie in Würfel geschnitten
Je 2 Karotten und Knoblauchzehen gehackt
2 Zwiebeln gewürfelt
Zesten von einer Orange
Je 1 TL Wacholder und Pfefferkörner
2 Lorbeerblätter, 750 ml Uhudler

FÜR DIE SUPPE
Fleischabschnitte, 1 Zwiebel gewürfelt
2 Knoblauchzehen gehackt
Etwas Suppengemüse
1 EL Tomatenmark
5 Wacholderbeeren
2 Lorbeerblätter
Wildgewürz, Salz, Noilly Prat
Ca. 250 ml Uhudler
100 ml Wasser

RAGOUT
1 Karotte, 1 Zwiebel, 3 Tomaten (gehäutet)
4 Knoblauchzehen
1 unbehandelte Orange
5 Zweige Thymian, 3 Zweige Rosmarin,
2 Zweige Salbei
Rotwein, Salz, Pfeffer, Tabasco
2 EL Ahornsirup, 1-2 TL Cardamom

60 Min. +12 Std. Marinier- und Kochzeit

ZUBEREITUNG

1. Fleisch von Sehnen befreien und in Würfel schneiden. Stangensellerie, Zwiebel, Karotten grob schneiden. Von der unbehandelten Orange die Schale dünn herunterschneiden und ebenfalls fein hacken.
2. Fleisch, Gemüse, Orangenschale und Gewürze mit dem Wein vermischen und über Nacht im Kühlschrank ziehen lassen.
3. Für die Suppe alle Zutaten anrösten und mit Noilly Prat ablöschen. Mit etwas Wasser und ca. 250 ml Uhudler aufgießen und ca. 60 Min. köcheln lassen. Dann abgießen und für die Sauce verwenden.
4. Nach Marinierzeit Fleischstücke herausheben, SEHR GUT trockentupfen und in Olivenöl scharf und kurz anbraten; Fleisch aus der Pfanne nehmen; restliches Gemüse klein würfeln und gemeinsam mit den Kräutern und Gewürzen in der Pfanne gut anbraten; Fleisch dazugeben, Schale und Saft der Orange unterrühren; mit der Wildsuppe und dem Rotwein aufgießen und ca. 3 Stunden schmoren lassen. Wenn noch Flüssigkeit benötigt wird, mit etwas Rotwein aufgießen.
5. Zum Abschmecken Salz, Pfeffer, etwas Tabasco, Ahornsirup und Cardamom verwenden! Das Wildschweingulasch mit Knödel, Bratkartofferl, Spätzle oder einem Baguette servieren!

BEIRIEDSCHNITTE MIT FISOLEN IM SPECKMANTEL

ZUTATEN

140 g Fisolen
Speckscheiben
1 EL Butter
2 EL Olivenöl
UhuRed
2 Beiriedschnitten
Olivenöl
2 EL Butter
2 EL UhuSchok
Fleur de Sel
Pfeffer

ZUBEREITUNG

1. Fisolen in Salzwasser kochen, mit Speck umwickeln (ca. 8 Fisolen mit eine Scheibe Speck) und in Butter-Olivenöl-Gemisch anbraten; mit UhuRed ablöschen.
2. Beiried in Olivenöl kurz, aber kräftig anbraten, in Alufolie ca. 7 Min. rasten lassen.
3. Einstweilen Butter und UhuSchok in der Bratpfanne kurz erhitzen, Beiried in 2cm dicke Scheiben schneiden und darin schwenken.
4. Fisolen und Fleisch mit Pfeffer und Fleur de Sel bestreut servieren.

20 Min.

VEGI-TIPP

Seitan selbst gemacht:
Universalmehl mit lauwarmem Wasser mit Knethaken verrühren bis der Teig zäh ist. Diesen rasten lassen, dann unter laufendem Wasser auswaschen bis das Wasser klar ist. Teig ausziehen und schneiden. In Gemüsesuppe (Zwiebel, Soja-Sauce...) 15 Minuten köcheln. Weiterverarbeitung nach Bedarf :-)
Eingelegt in Suppe/Rexglas gekühlt ein paar Tage haltbar und ein super Geschenk!

BRATAPFEL UND GLÜHENDER UHUDLER

ZUTATEN

BRATAPFEL

1 EL Butter
2 EL Vollrohrzucker grobkörnig
50 ml UhuRed
100 g Nüsse gehackt (z.B. Walnüsse, Kürbiskerne, Pinienkerne..)
1 EL Orangenzesten
1 Prise Nelken
1 Prise Zimt
1 Hand voll Uhudler-Trauben entkernt
1 gehäufter TL Thymian getrocknet

GLÜHENDER UHUDLER

1 EL Butter
4 EL Vollrohrzucker grobkörnig
250 ml Uhudler-Traubensaft
500 ml Uhudler
Saft einer Orange
1 kleine Zimtstange
Einige Gewürznelken
Schale einer Zitrone
6 Sternanis
Ev. Honig

20 Min. + Bratzeit

ZUBEREITUNG

BRATAPFEL

1. Zucker in der Butter karamellisieren, mit UhuRed ablöschen, Nüsse und Gewürze dazugeben und einige Minuten braten lassen. Trauben untermischen und die Masse etwas nachziehen lassen.
2. Äpfel vom Kerngehäuse befreien, füllen und bei 180° C ca. 15-20 Min. braten.

GLÜHENDER UHUDLER

Butter in einem kleinen Topf erwärmen, den Zucker darin karamellisieren und mit dem Uhudler-Traubensaft aufgießen. Einige Minuten köcheln lassen, dann die restlichen Zutaten dazugeben und weitere 10 Min. leicht köcheln lassen. Eventuell mit Honig nachsüßen. In Gläser abfüllen und genießen!

KLETZENBROT

ZUTATEN

250 g Kletzen (getrocknete Birnen)
250 g Rosinen (getrocknete Uhudlertrauben)
150 g getrocknete Früchte (v.a. Feigen, Zwetschken...)
30 g Pinienkerne
50 g Walnüsse (oder gestiftelte Mandeln)
80 g Aranzini (nach Geschmack)
1 TL Lebkuchengewürz
125 ml Uhudler
3 Eier (klein)
130 g Honig
150 g Mehl (glatt oder Universal)
1 Ei (zum Bestreichen)
Mandeln (zum Belegen)

30 Min. + Marinier- und Backzeit

ZUBEREITUNG

1. Kletzen in Wasser einweichen.
2. Alle Früchte und Nüsse klein schneiden bzw. hacken, mit Uhudler sowie Lebkuchengewürz vermischen und 24 Std. marinieren.
3. Eier mit Honig ca. 5 Min. gut schaumig aufschlagen, unter die Früchte rühren.
4. Das gesiebte Mehl einrühren.
5. Aus dieser eher weichen Masse 2 Brote formen und auf ein mit Backpapier belegtes Blech setzen.
6. Mit gut verschlagenem Ei bestreichen, mit Mandeln belegen und im vorgeheizten Backrohr bei 160° C 60-75 Min. backen.

TIPP

Gut verpackt und kühl gelagert ist das Kletzenbrot ca. 2-3 Wochen haltbar, kann aber auch tiefgekühlt werden.

TORTE DER LINZER TRIFFT UHUDLER

ZUTATEN

TEIG

300 g Dinkel-Vollkornmehl
200 g Vollrohrzucker grobkörnig
315 g Butter
300 g gemahlene Kürbiskerne
Zimt
Gewürznelken
Cardamom nach Geschmack
1 Ei
1 Dotter
1 Schuss Rum
Schale und Saft einer Zitrone

UHUGELEE

20 Min. + Kühl- und Backzeit

ZUBEREITUNG

1. Alle Zutaten für den Teig verkneten und diesen ca. 30 Min. kühl stellen.
2. Zwei Drittel des Teiges in einer gebutterten Tarteform oder Tortenform verteilen, UhuGelee gleichmäßig darauf verstreichen.
3. Aus dem restlichen Teig entweder Röllchen wutzeln oder den Teig auswalken und ca. 1 cm breite Streifen schneiden - in jedem Fall aber die Röllchen oder Streifen gitterförmig auf das UhuGelee legen.
4. Die Torte bei 180° C ca. 45 Min. backen.

UHUDLERS BUNTE LIEBELEIEN

ZUTATEN

UHUDLERSPIEGEL
200 g UhuGelee
10 g pflanzliches Geliermittel (entspricht 6 Blatt Gelatine)

KERN UND HÜLLE
150 g Nougat
Kuvertüre
‚Etwas zum Wutzeln'

ZUBEREITUNG

1. UhuGelee mit Geliermittel mind. 2 Min. aufkochen lassen, auf ein mit Backpapier ausgelegtes Backblech aufstreichen und erkalten lassen.
2. Nougat in kleine Würferl schneiden.
3. Das erkaltete UhuGelee in Streifen schneiden, mit denen der Nougatwürfel ummantelt wird und dann zur ‚Kugel' wird.
4. Im Wasserbad die Kuvertüre schmelzen lassen, die Kugeln darin wenden. Auf einem Gitter antrocknen lassen.
5. Je nach Geschmack und Lust und Laune bitte wutzeln in Sesam, Fleur de Sel, gerösteten Pinienkernen, Rosenblüten, geriebenen Mandeln, Haselnüssen, Kokos, Pfeffer, Pistazien... was das Herz begehrt!

50 Min.

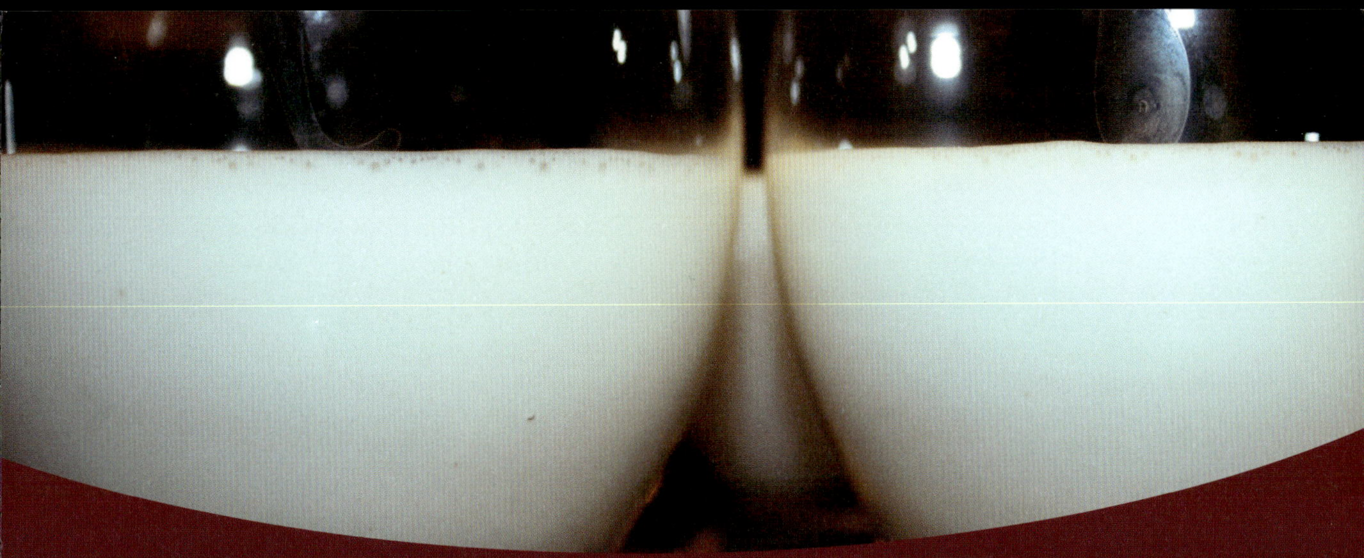

SGROPPINO LIEBT UHUDLER

UHUDLER-LIKÖR-PUDDING

ZUTATEN

SGROPPINO

300 g Zitronensorbet/-eis
250 ml Prosecco kalt
1 Schuss Wodka oder mehr
125 ml Schlagobers
Uhudlergelee

5 Min.

PUDDING

125 g Schlagobers
1 Becher Sauerrahm
2 Packerl Vanillezucker
150 ml Uhudler-Likör
Obst nach Wahl

5-10 Min. + Kühlzeit für Pudding

ZUBEREITUNG

SGROPPINO

Alle Zutaten außer UhuGelee in Aufsatzmixer verquireln. In Gläser abfüllen. Uhudlergelee einträufeln und genießen!

UHUDLER-LIKÖR-PUDDING

Schlagobers steif schlagen. Sauerrahm, Vanillezucker, Uhudler-Likör vermengen und Schlagobers unterheben. Obst ohne Saft ebenfalls unterheben. Im Kühlschrank erkalten lassen.

UhuRed

ZUTATEN
1 l Uhudler
250 g Vollrohrzucker grobkörnig
35 ml Rotweinessig
8 g Gelierfix (ca. 1/3 Packerl) 2:1

ZUBEREITUNG
Uhudler, Zucker und Rotweinessig ca. 20 Min. reduzieren, danach Gelierfix beimengen und nochmals ca. 10 Min. köcheln lassen. Warm in Flaschen abfüllen.

UhuSchok

ZUTATEN
500 ml Uhudler
50 g dunkle Schokolade
40 g Vollrohrzucker grobkörnig
1 Prise Chili

ZUBEREITUNG
Uhudler und Schokolade in einem Topf aufkochen lassen, den Zucker dazugeben und ca. 20-30 Min. köcheln lassen. Mit Chili abschmecken.

UhuGelee

ZUTATEN
2 kg Uhudler-Trauben
500 g Gelierzucker 2:1
1 Sackerl Gelierfix 2:1
Saft 1/2 Zitrone

ZUTATEN

1. Trauben in einem größeren Topf ca. 30 Min. köcheln lassen bis sich Kerne vom Fruchtfleisch lösen.
2. Masse durch die ‚Flotte Lotte' passieren, zurück in den Topf geben,
3. Zitronensaft dazugeben und erneut aufkochen lassen. Gelierzucker und Gelierfix hinzufügen und weitere 15 Min. köcheln lassen.
4. In ausgekochte Gläser einfüllen und gut verschließen.

Trauben-Schokominze-Gelee

ZUTATEN
2 kg Uhudler-Trauben
500 g Gelierzucker 3:1
1 Hand voll Schoko-Minze-Blätter
75 g dunkle Schokolade (85%)

ZUTATEN

1. Trauben im Topf ca. 30 Min. kochen lassen, durch die ‚Flotte Lotte' passieren, in einem Topf gemeinsam mit dem Gelierzucker ca. 10 Min. köcheln lassen.
2. Die Minzeblätter und die Schokolade beimengen; gut umrühren und mit dem Stabmixer pürieren.
3. In ausgekochte Marmelade-Gläser einfüllen und gut verschließen.

CHUTNEY aus schwarzen Ribiseln, Uhudler-Trauben, Limettenblättern und Zitronengras

ZUTATEN

200 g schwarze Ribiseln
300 g Uhudler-Trauben
200 g Gelierzucker 3:1
6 frische Limettenblätter
3 Stangen Zitronengras
1 EL Zitronenpfeffer
500 ml Uhudler-Traubensaft
6 EL Gin
Ca. 15 g Gelierfix 2:1

ZUBEREITUNG

1. Ribiseln gemeinsam mit Trauben, Traubensaft, Limettenblättern, angedrücktem Zitronengras und Zitronenpfeffer ca. 20 Min. leise köcheln lassen.
2. Durch die ‚Flotte Lotte' passieren, Gelierzucker, Gin und Gelierfix dazugeben und nochmals einige Minuten köcheln lassen
3. In ausgekochte Gläser füllen und gut verschließen! Schmeckt wunderbar zu diversen Käsesorten, z.B. frischem Ziegenkäse, Briesorten...!

WEISSES UHUDLER-TRAUBEN-CHUTNEY

ZUTATEN

200 g weiße Uhudler-Trauben
6 Lorbeerblätter
8 Salbeiblätter
2 große Zweige Rosmarin
5 Wacholderbeeren
150 g Gelierzucker 3:1 (je nach Süße der Trauben ev. etwas mehr)
25 g Gelierfix 2:1

ZUBEREITUNG

1. Trauben in einem Topf ca. 30 Min. kochen bis sich die Kerne vom Fruchtfleisch lösen.
2. Die Masse durch die ‚Flotte Lotte' passieren und wieder zurück in den Topf geben. Alle restlichen Zutaten außer Gelierzucker und Gelierfix dazugeben und ca. 20 Min. köcheln lassen. Gelierzucker und Gelierfix zufügen, gut umrühren und noch einmal ca. 15 Min. köcheln lassen.
3. Ausgekochte Gläser mit dem Chutney füllen, verschließen und kühl stellen.

INGWER-UHUDLER-TRAUBEN-CHUTNEY

ZUTATEN
1 kg Uhudler-Trauben
3 EL Ingwer gerieben
600 g Zwiebel gewürfelt
Butter-Olivenöl-Gemisch

ZUBEREITUNG

1. Die Trauben und den geriebenen Ingwer in einem Topf ca. 30 Min. köcheln lassen.
2. Dann durch die ‚Flotte Lotte' passieren.
3. Einstweilen den Zwiebel sehr fein hacken und in der Butter-Olivenölmischung SEHR langsam braten und schmoren lassen bis eine süßliche, weiche Masse entsteht - dauert ca. 1 Std.
4. Trauben-Ingwer-Masse mit dem gebratenen Zwiebel vermischen und in Gläser füllen.

TIPP

Schmeckt wunderbar zu div. Käsesorten, aber auch aufs Frühstücksbrot; passt auch zum Verfeinern von div. Gerichten.

UHUDLER-TRAUBEN-CHUTNEY MIT ZWIEBEL, THYMIAN UND DIJON-SENF

ZUTATEN
1 kg Uhudler-Trauben
250 g Zwiebel gehackt
3 EL Butter
6 EL Thymian getrocknet
100 ml Balsamico-Essig dunkel
Saft von 2 Zitronen
1 EL Dijon-Senf
200 ml Traubensaft (ev. frisch gepresst)
3 EL grüner Pfeffer
6 EL getrockneten Thymian
700 g Geliezucker 3:1

ZUBEREITUNG

1. Trauben in einem Topf ca. 30 Min. kochen bis sich die Kerne vom Fruchtfleisch trennen.
2. Die Masse durch die ‚Flotte Lotte' passieren.
3. In einem Topf Butter zerlassen, Zwiebel darin anbraten, Thymian dazugeben und auf niedrigster Kochstufe ca. 20 Min. schmoren lassen. Mit Balsamico-Essig ablöschen, Traubenmus, Zitronensaft, Dijon-Senf, Traubensaft und grünen Pfeffer dazugeben und ca. 1 Std. köcheln lassen. Den Gelierzucker unterrühren, weitere 15 Min. kochen lassen.
4. Dann in die vorbereiteten Gläser füllen.

Uhudler-Likör pur

Zutaten
1 kg Uhudler-Trauben
500 g Kandiszucker
700 ml Korn

Zubereitung
1. Uhudler-Trauben in einem Topf mit einer Gabel ‚zergatschen', gemeinsam mit Kandiszucker in ein Gefäß geben, mit dem Korn aufgießen und gut verrühren.
2. Das Gefäß verschließen, 6 Wochen an einen sonnigen, warmen Ort stellen, dazwischen öfters schütteln.
3. Nach der Ruhezeit die Masse durch die ‚Flotte Lotte' passieren und abschmecken.
4. Danach in Flaschen an einem kühlen Ort lagern. Prost!

Uhudler-Likör Advent

Zutaten
700 g Uhudler-Trauben
150 g Vollrohrzucker grobkörnig
1 Stange Zimt
2 Sternanis
1 Vanilleschote
250 ml Uhudler
600 ml Korn

Optional
Nach Geschmack mehr wärmende Gewürze wie Cardamom, Ingwer, Galgant, Nelken...

Zubereitung
1. Trauben waschen, anschneiden, in ein Gefäß geben und mit Uhudler und Korn aufgießen. Zucker, Vanilleschote, Korn, Anis und Zimt dazugeben.
2. Gefäß gut verschließen und für etwa sechs Wochen an einem sonnigen, warmen Ort stellen. Des öfteren schütteln.
3. Nach der Ruhezeit Ansatz durch ein Sieb oder eine Mullwindel gießen, verkosten und nachwürzen.
4. Traubenlikör in Flaschen füllen und verschließen.
5. Damit der Likör richtig reifen kann, zwei bis drei Monate ruhen lassen. Er ist gerade rechtzeitig fertig für die kalte Jahreszeit!

UHUDLER-SAUERKRAUT-MARMELADE

ZUTATEN

250 g Sauerkraut
250 ml Uhudler
1 rote Zwiebel gewürfelt
1 Knoblauchzehe gehackt
6 EL Ahornsirup/Honig
20 g Vollrohrzucker grobkörnig
2 EL Olivenöl
5 Gewürznelken
Thymian
Salz
Pfeffer
8 Wacholderbeeren

ZUBEREITUNG

1. Sauerkraut abtropfen lassen und so klein wie möglich schneiden.
2. In einem Topf das Öl erhitzen, Zwiebel und Knoblauch langsam anbraten und mit Zucker karamellisieren, Sauerkraut und Gewürze dazugeben. Mit Uhudler ablöschen und umrühren. 2 Std. zugedeckt köcheln lassen.
3. Ahornsirup oder Honig hinzufügen und 8 Min. noch etwas köcheln lassen, dann in Gläser abfüllen.

TIPP

Schmeckt auch zum Aperitif auf geröstetem Brot!

UHUDLER-ESSIG

ZUTATEN

Gefäß aus Glas oder Ton (innen glasiert) mit möglichst breiten Boden und Hals (Rumtopf) mit einem Fassungsvermögen von mind. 2 Liter
Luftdurchlässiges Tuch
Gummiring
Essigmutter für den Ansatz
Uhudler
Abgekochtes Wasser

ZUBEREITUNG

1. Das Rumtopfglas gründlich reinigen und mit Essigansatz oder Essigmutter befüllen. Bei 100 ml Essigansatz mit ca. 200 ml verdünnten Wein (120 ml Wein und 80 ml Wasser) auffüllen. Verdünnter Wein verhindert sauren Essig und schützt die Essigmutter.
2. Gefäß mit dem Tuch abdecken, mit einem Gummi verschließen und möglichst warm stellen (20 bis 25° C).
3. Einmal täglich öffnen und das Glas etwas schütteln. Nach 2 Wochen bildet sich eine dünne Schicht Essigmutter auf der Flüssigkeit und der typische Essiggeruch macht sich bemerkbar. Tut sich in der Zeit nichts, ist die Essigbildung fehlgeschlagen und ein neuer Versuch steht an.
4. Sind die Essigbakterien nun aktiv, nach und nach insgesamt 2 Liter verdünnten Wein hin zu fügen. Je länger der Essig Zeit hat sich zu entwickeln desto besser wird er werden. Von Zeit zu Zeit den Essig umrühren.
5. Nach längstens einem Jahr kann jederzeit neuer Essig angesetzt werden, da sich die Essigmutter prächtig entwickelt hat. Der Essig ist nahezu unbegrenzt haltbar und kann gefiltert in Flaschen abgefüllt werden.

TIPP

Essig benötigt ca. 23° C zur Reifung. Eine Möglichkeit ist es daher, den eigenen Essig zu Beginn der Heizperiode anzusetzen, dann können Sie den Essig in Nähe der Heizung aufbewahren und haben über Monate die ideale Temperatur, die der Essig braucht.

WEINHANG-TEEMISCHUNGEN

WINTER FESTTAGSTEE

Mariendistelsamen 2 Teile
Kamille 1 Teil
Johanniskraut 1 Teil
Weinblätter 1 Teil
Beifuß 1/2 Teil

REINIGENDER FRÜHLINGSTEE

Kleblabkraut 1 Teil
Brennnessel 1 Teil
Birkenblätter 1 Teil
Kleine Braunelle 1 Teil
Löwenzahnblätter 1/2 Teil

HERBSTTEE

Hagebutte 2 Teile
Schafgarbe 1 Teil
Klebsalbei 1 Teil
Holunderbeeren 2 Teile
Eibischblätter 1 Teil
Johanniskraut 1 Teil (Blüten)
Löwenzahnwurzelpulver 1 Teil

Löwenzahnwurzelpulver vorm Kochen schon mind. 15 Min. in Wasser auflösen und stehen lassen. Bei Verwendung der ganzen Wurzel 2 Teile statt einem.

ERFRISCHENDER SOMMERTEE

Ringelblume 1 Teil
Schafgarbe 1 Teil
Weinblätter 1 Teil
Kornblume 1/2 Teil
Roter Klee 1 Teil
Himbeerblätter 1 Teil

ZUBEREITUNG

1 TL Teemischung pro Tasse mit kochendem Wasser übergießen und 5-10 Min. ziehen lassen.

Teekreationen von Sissi & Susi Kaiser (Medical Herbalist und Autorin von ‚Moderne Kräutermedizin', www.calamuslife.com)

INDEX

A

B

C

D

E

F

G

H

I

* J 1905 Cs *

S

T

U

V

W

Z

DANKE

Danke an unsere Familien, die auf viele Stunden gemeinsamer Zeit verzichtet haben und Kostproben stets zu schätzen wussten.

Danke an unsere Gäste, die durch unermüdliches Kosten und Kommentieren aktiv daran mitgearbeitet haben, die Rezepte zu verbessern.

Besonderer Dank gilt unseren Freundinnen, Sabine Reitmayr und Anna Hangweirer, für die konsequente geistige, körperliche, oft schweißtreibende Muskelkraft sowie ihre kreativen Rückmeldungen während des ganzen Jahres! Durch unermüdliches Verkosten, Abschmecken, erneutes Kosten, Abschmecken, (Ein-)kochen, ist alles erst so geworden wie es heute ist, auch wenn so mancher Küchendunst im Haar oder Blauverfärbung der Finger sie manchmal zur Verzweiflung brachte. Sogar Urlaubstage haben sie für uns geopfert.
Wir sagen DANKE für die gemeinsame Zeit.

Dankeschön fürs Korrekturlesen an Birgit Raffier.

Und nicht zuletzt danken wir für die vielen herzlichen Begegnungen und inspirierenden Gespräche mit Menschen aus dem Südburgenland sowie dem Verein der Freunde des Uhudler und der Weinidylle Südburgenland für die Unterstützung.